Misterio y pavor

trece cuentos

Misterio
y
pavor

trece cuentos

A second-year reader

Edited by

Douglas R. McKay

UNIVERSITY OF COLORADO

Colorado Springs

HOLT, RINEHART AND WINSTON

New York   San Francisco   Toronto   London

1974

Permissions and acknowledgments

We wish to thank the authors, publishers, and holders of copyrights for their permission to reprint the stories in this book.

Pio Baroja, "Hogar triste," by permission of Julio Caro Baroja. (J)

Ramón del Valle-Inclán, "Del misterio," from *Jardín Umbrío*, by permission of Carlos del Valle-Inclán. (EJ)

Francisco Rojas González, "Tragedia grotesca," by permission of Lilia L. Viuda de Rojas González. (EJ)

Ana María Matute, "El Mundelo," from *Historias de la Artamila*, by permission of Ediciones Destino. (EJ)

Jorge Luis Borges, "Emma Zunz," by permission of Emecé Editores. (BJJ)

Azorín, "El tesoro deshecho," by permission of Julio Guinda for Azorín's widow. (J)

Ramón Sender, "El Buitre," by permission of the author. (J)

Julio Cortázar, "La puerta condenada," © Editorial Sudamericana, by permission of Editorial Sudamericana. (EJ)

Miguel de Unamuno, "El Dios Pavor," by permission of Fernando de Unamuno. (EJ)

Ignacio Aldecoa, "La despedida," by permission of Josefina R. de Aldecoa. (EJ)

Vicente Blasco-Ibáñez, "La Rabia," by permission of Vicente Blasco Ibáñez Tortosa. (EJ)

Rómulo Gallegos, "Marina," by permission of Sonia Gallegos de Palomino. (EJ)

Library of Congress Cataloging in Publication Data

McKay, Douglas R   comp.
　Misterio y pavor; trece cuentos.

　CONTENTS: Baroja, P.　Hogar triste.—Valle-Inclán, R. del.　Del misterio.—Rojas González, F.　Tragedia grotesca.—Matute, A. M.　El Mundelo. (etc.)
　1.　Spanish language—Readers.　I.　Title.
PC4117.M253　　468'.6'421　　73–17210
ISBN: 0–03–000996–0

Foreign Language Department
5643 Paradise Drive
Corte Madera, California 94925

Printed in the United States of America

4　5　6　7　8　9　　090　　9　8　7　6　5　4　3　2　1

Table of Contents

Preface

This collection of thirteen mysterious and intriguing tales is designed for the second-year student. The stories, chosen for their enduring literary value, share a salient tone of suspense, a dash of terror, and an abundance of grim foreboding. They are arranged in order of difficulty, with introductions to each author.

The exercise sections follow an established format throughout the book and are intended to encourage the student's vocabulary development. The final portion in each set of exercises deals with controversial, problematic, serious, or humorous notions suggested by the text, any one of which may form the crux of a productive and stimulating class discussion.

The editor gratefully acknowledges the careful reading and criticism accorded the manuscript of this book by Professors Margo McMillen of the University of Colorado, Colorado Springs, and Mary Jane Wilkie of Stanford University.

Douglas R. McKay

I

PÍO BAROJA

Hogar triste

PÍO BAROJA Y NESSI

(1872–1956)

Baroja was a man of vigorous and virile independence. Admired for his refusal to tell a lie, he was likewise despised for his avid unwillingness to silence the truth. His detractors have exaggerated the man's ferocity, his nonconformity, and the brooding melancholy of his Basque spirit. His devotees, on the other hand, have attested to the gentle, timid nature hiding beneath the hard, defensive core of his sarcasm and irascibility, emphasizing rather the personal dignity of a man repelled by injustice and human stupidity. To those who knew and loved Don Pío, his asperity was pure legend, a mere pose which he himself enjoyed fostering with benevolent malice.

His nearly one-hundred novels teem with evidence of the cherished Barojean aversions: a dislike for man-made institutions of any kind; an angry assault on the Catholic clergy; a deep repulsion toward women, to the point of his becoming one of the supreme misogynists of modern literature; and a professed loathing for such diverse subjects as university professors, false praise, social pretense, football, involved rhetoric, bullfights, vain writers, and movies. There was little that escaped the acridity of Baroja's uncompromising judgment on the social, moral, and intellectual values of his time. The indignation that prompted his caustic bombardments was matched only by the wrath with which the Spanish government censored his books and obliged their author, through political recrimination, to become "an exile within Spain" throughout most of his literary career.

An aggressive boyhood in Pamplona amidst squabbling and devilment paved his way to a harsh introduction to life. Later he eschewed the violence of street games in favor of assiduous reading, preferring tales of action and social involvement. Systematic study was not his forte, however, and when compelled to prepare himself for a medical degree, he was twice suspended for failure to master the material to his professors' liking. Baroja's personality served only to antagonize his pedantic mentors, giving rise to a series of bitter experiences he later described in one of his most celebrated novels, El árbol de la ciencia.

For a short time he practiced medicine in a rural community. His weariness with the profession grew in proportion to the people's exasperation with Don Pío. Many orthodox townsfolk criticized him for working in his garden on the Sabbath. He soon renounced his career as being incompatible with his marked dislike for his patients. Returning to Madrid, Baroja entered the baker's trade. This too was a short-lived experience, due once again to his rebellious and aggressive nature. However, it enabled him to meet many strange bohemian characters from Madrid's lower social stratum and inspired the incorporation of such types into the novels and short stories which he began to write during his leisure hours. Subsequent travels, reading, and intellectual activity sharpened his critical perception, deepened his skepticism, and added new dimensions to his individualism and active restlessness.

Baroja's friendships were few, but firm and lasting, such as the mutual esteem which grew out of his acquaintance with "Azorín." His antipathies were many, often fierce and hostile, such as the profound enmity he harbored toward Blasco-Ibáñez. His favorite authors were Poe, Dickens, and Dostoevski, as well as Nietzsche and Schopenhauer, whose pessimism wielded a strong influence on his outlook. Incited by the events and attitudes of his time to search for meaning behind his nation's humiliating defeat in the Spanish-American War, Baroja became one of Spain's leading spokesmen for moral regeneration, yet he categorically denied the existence of the very generation of writers to which his name has been affixed, the so-called "Generation of 1898."

Baroja never married. He considered matrimony an invitation to misery and moral defeat. He rarely left his home during the last ten years of his life, at which time he wrote with feverish haste, hoping to quell the haze of confusion which disease and senility had imposed on his brain.

During his final days, in the throes of his prolonged agony with arteriosclerosis, Baroja was visited by one of his foremost admirers, Ernest Hemingway, on whom the Nobel Prize for Literature had been conferred that year. Hemingway conceded that Baroja was his master, that his own technique and style had been forged by the example of Baroja's simple, direct, narrative language. In a gesture of profound respect, he brought the old man a pair of socks and a bottle of his favorite whiskey, affirming that the Nobel Prize rightfully belonged to Don Pío, that the Swedish Academy as well as the Spanish nation had failed to appreciate the importance of his contribution to world literature. Unfortunately, the illness which had destroyed his body had also darkened his mind, and Baroja could only stare at the tear-stained face of Hemingway, unaware of the import of such a tribute.

In this simple episode, Baroja has fashioned a poignant vignette of human misery. It is a typical "slice of life" from the pen of a writer who is generally unconcerned with narrative design or plot. While his unnamed characters are but sparsely described, we are made conscious by their movements and dialogue that outweighing their obvious fatigue and depression, they carry the burden of an enduring grief and the fear of interminable poverty.

"Hogar triste" is one of Pío Baroja's early stories. It appeared in his first published work, Vidas sombrías, *in the year 1900.*

Hogar triste

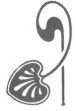

Durante toda la mañana estuvieron esperando en la casa nueva a que llegara el carro de mudanzas, y por la tarde, a eso de las cinco, se detuvo junto al portal.

Los mozos subieron a trompicones[1] los pobres trastos, aprisa y corriendo, y, en la precipitación, rompieron el entredós de la sala, el mueble que más se estimaba en el hogar modesto, y un cristal de la puerta de la alcoba.

El carretero pidió tres duros[2] en vez de dos, que era lo convenido,[3] porque, según dijo, los muebles no cabían en un carro pequeño, y los mozos soltaron unas cuantas groseras pullas,[4] porque no les daban bastante propina.

Ya de noche, a la luz mortecina de una candileja, marido y mujer se pusieron a colocar los muebles en su sitio, mientras el niño se entretenía en arrancar la estopa del vientre de un caballo de cartón. Pero el niño se cansó pronto, y empezó a seguir a su madre y a cogerse a sus faldas, llamándolos con voz soñolienta. Entonces

---

[1] **a trompicones** = a tropezones (con dificultad y contra various obstáculos)

[2] **duro** *unidad monetaria equivalente a cinco pesetas*

[3] **lo convenido** = estaban conformes con esa cantidad

  soltaron unas cuantas groseras pullas = dijeron varias palabras obscenas

ella tomó una lámpara de alcohol, calentó en un cazo un poco de caldo que había sobrado del mediodía y se lo hizo tomar al niño; lo acostó, y al poco rato el chico dormía dulcemente.

Ella se disponía a seguir en su faena.

—Pero descansa un rato, mujer—le dijo él—. No sé qué me da verte trabajar así. Siéntate, y charlaremos un rato.

Ella se sentó, y apoyó sobre su mano ennegrecida la cabeza sudorosa y despeinada.

Él esperaba que le volverían a colocar pronto; si no, aceptaría los veinte duros que daban en el almacén por llevar la contabilidad; mientras tanto, podrían vivir; la casa aquella era alta, quinto piso, pero por eso sería más alegre. Y miraba alrededor, y las paredes frías, con la amargura de la desnudez triste, y el suelo lleno de cuerdas de estropajo, parecían reírse lúgubremente de sus afirmaciones.

La mujer, resignada, aprobaba todo lo que decía su marido.

Cuando descansó un rato, se levantó nuevamente.

—Y yo—dijo—que no he tenido tiempo de preparar la cena.

—Déjalo—repuso él—. No tengo ninguna gana. Nos acostaremos sin cenar.

—No; saldré a buscar algo.

—Iremos los dos, si quieres.

—Y ¿el niño?

—Volveremos en seguida. No se despertará.

La mujer marchó a la cocina a lavarse las manos; pero la fuente no corría.

—Estamos bien. Hay que ir por agua.

Ella se echó un mantón sobre los hombros y cogió una botella; él ocultó otra de barro debajo de la capa, y salieron sin hacer el menor ruido. La noche de abril era fría y desapacible.

Al pasar junto al Teatro Real vieron montones de hombres que dormían accurrucados en el suelo. Por la Calle del Arenal pasaban los coches con un sonar grave y majestuoso por el pavimento de madera.

Llenaron las botellas en una fuente de la Plaza de Isabel II, y con esa complacencia que se tiene para las impresiones dolorosas, al pasar se detuvieron otra vez un momento delante de los hombres dormidos en montón.

Llegaron a casa, subieron las escaleras sin hablarse y se acostaron.

Él creyó que iba, con el cansancio, a dormirse en seguida, y, sin embargo, no pudo; la atención sobreexcitada le hacía percibir los más ligeros ruidos de la noche. Y levemente oía el sonar grave y majestuoso de los coches, y ante sus ojos aparecían los hombres 5 dormidos en la calle, y ante la imaginación, el abandono y el desamparo de una parte de la familia humana. Los pensamientos negros le angustiaban y le llenaban de un gran sobresalto; hacía esfuerzos para no agitarse y despertar a su mujer. Ella estaría durmiendo,[5] la pobre, descansando de las fatigas del día. Pero no..., gemía y se 10 quejaba débilmente, débilmente...

—¿Qué te pasa?—le preguntó.

—El niño—murmuró ella, sollozando.

—¿Qué tiene?—dijo él, sobresaltado.

—El otro niño... Pepito... ¿Sabes?... Mañana hará dos años que 15 lo enterraron...[6]

—¡Dios mío! ¡Dios mío! ¿Por qué es tan triste nuestra vida?

I. Preguntas

1. Describa las acciones de los mozos en cuanto a la mudanza de la familia.
2. ¿Por qué se le ocurrió al carretero pedir más dinero?
3. ¿Cómo reaccionaron los mozos al recibir una pequeña propina?
4. ¿Qué hacía el niño mientras sus padres colocaban los muebles?
5. ¿De qué hablaba el matrimonio durante su breve descanso?
6. ¿Cuál es la preocupación del marido tocante a su empleo?
7. ¿Cuáles elementos en este cuento indican la pobreza de la familia?
8. ¿Por qué deciden salir un rato?
9. Explique la razón por la cual los dos llevan botellas al salir.
10. ¿Es cuestión de vergüenza, de orgullo o de vileza la que impulsa al marido a ocultar una botella debajo de la capa? Explique.

[5] **estaría durmiendo** = probablemente dormía
[6] **Mañana hará dos años que lo enterraron** = es decir, mañana representa el segundo aniversario desde el entierro del primer niño

PÍO BAROJA

11. ¿Qué contraste se observa entre el sonar de los coches y los hombres dormidos en montón?

12. ¿Qué quiere decir el autor al referirse a «esa complacencia que se tiene para las impresiones dolorosas»?

13. ¿Cuáles son las impresiones que van pasando por el pensamiento del hombre después de acostarse?

14. ¿En qué piensa la mujer?

15. ¿Cuál es la impresión total que deja este cuento en la sensibilidad del lector?

II. Enriquecimiento de vocabulario

A. *Escoja la palabra que corresponde a cada definición.*

1. Los objetos que hay en una casa, para uso práctico o para adorno.
2. Actividad que alguien realiza con esfuerzo físico o mental.
3. Dinero que se da voluntariamente por un servicio recibido.
4. Pieza inmediata a la puerta de entrada de una casa.
5. Cada una de las divisiones horizontales de un edificio.

propina
hombros
faena
portal
caldo
suelo
piso
muebles
cuerdas
vientre

B. *Escoja el adjetivo que corresponde como sinónimo a la palabra en cursiva en cada oración. Haga los cambios necesarios de género y número.*

1. Con esta luz *mortecina* no se puede leer.
2. Por su caracter *desapacible* tiene pocos amigos.
3. El carretero condujo su vehículo con un aire *majestuoso*.
4. Sus palabras *groseras* me obligan a terminar la charla.
5. Tome usted ese tren porque es mucho más *ligero* que el otro.

grandioso
peinado
malhumorado
soñoliento
sudoroso
apagado
alegre
doloroso
rápido
grave

C. *Escoja el sustantivo que corresponde como sinónimo a la palabra en cursiva en cada oración. Haga los cambios necesarios de género y número.*

1. El joven entró sin prisa en la *alcoba*.
2. Casada con él, vivirás en el mayor *desamparo*.
3. No sé en qué *sitio* lo vamos a encontrar.
4. Con el *cansancio* que llevaba no pude trabajar.
5. Me dio pena verte llorar con tanta *amargura*.

trasto
aflicción
almacén
habitación
abandono
caldo
pared
lugar
fatiga
candileja

D. *Exprese en español las oraciones siguientes usando los modismos que corresponden a las palabras en cursiva.*

1. He called me *about* eight o'clock.
2. They'll be here *presently*.
3. *In the meantime*, try to be patient.
4. Do you *wish* to accompany me?
5. *For that reason* you must not go.

al poco rato
en vez de
mientras tanto
sin embargo
por eso
por supuesto
a eso de
por aquí cerca
tener ganas de
por cuanto

III. Ejercicios de oraciones

A. *Llene el espacio en blanco con el sustantivo apropiado.*

1. El niño jugaba en el ___ del patio.
2. Hay que sujetar los muebles al carro con ___.
3. Tendrán que cargar el sofá sobre los ___.
4. Vamos a sacar agua de la ___ de la plaza.
5. Hacen tanto ___ en la calle que no puedo estudiar.

cristales
ruido
suelo
cartón
cuerdas
fuente
falda
hombros
trastos
propina

PÍO BAROJA

B. *Llene el espacio en blanco con el verbo apropiado conjugándolo según convenga.*

1. Traté de consolarla cuando la encontré ____.
2. Puedo comprarlo porque me ____ cinco pesetas.
3. Me ____ que no has hecho bien.
4. Ellos ____ unos cuantos insultos mientras trabajaban.
5. Te ____ quedarte en casa hoy.

sobrar
soltar
excitar
llenar
sollozar
convenir
percibir
calentar
parecer
apoyar

IV. Repaso de verbos

Exprese en español las oraciones siguientes usando los verbos a la derecha.

1a. She is getting ready to leave.   *disponerse a*
 b. Prepare yourselves to take the exam.

2a. I amused myself by chatting with your neigh-   *entretenerse en*
    bors.
 b. They'll entertain themselves by watching television.

3a. We started to play tennis before you called.   *ponerse a*
 b. Don't begin to write until I tell you.

4a. My friends laughed at me.   *reírse de*
 b. Would you laugh at us if we did it?

5a. The piano doesn't fit in here.   *caber*
 b. Can one more person get into your car?

V. Temas para conversación o composición

1. Algunos ejemplos de explotación al hombre en el mundo comercial.
2. Qué se puede hacer para combatir la explotación humana.
3. Si me despidieran del trabajo, ...
4. Los problemas que hay que enfrentar al mudarse de casa.
5. ¿Es posible mantener la dignidad en medio de la pobreza? Explíquese.

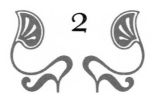

2

RAMÓN DEL VALLE-INCLÁN

Del misterio

RAMÓN MARÍA DEL VALLE-INCLÁN Y MONTENEGRO

(1866–1936)

Valle-Inclán's personality was as integral a part of his creative genius as were the magnificent productions of drama, prose fiction, and essays that he wrote. To ignore the bizarre aspects of his character, to overlook the histrionics of his fascinating existence or dismiss the eccentricity and clowning to which he devoted more than forty years of his life, would be tantamount to a profanation of his memory. Valle's strange personal conduct cannot be viewed as an accessory to his professional career; the human element is inseparably connected to his intellectual labor and literary commitments. Even the most outlandish distortions of truth which he himself related concerning his life provide us with valid insights into the meaning of the man and the artist.

Until he was twenty-six, Valle-Inclán played a tolerably "straight" role among his family members, fellow students, writers, journalists, and friends. He was clean-shaven, elegantly dressed, and rarely appeared in public without a derby on his head and a pair of rimless glasses perched on the end of his nose. Born and raised in Galicia, a land bathed in centuries of fantastic legends, superstitions, and tales of witchcraft, he spent the first half of his life absorbing and writing short stories about the folk traditions of that region. His early stories already revealed a mastery of tone and impression which in time would launch young Valle into literary distinction as one of the greatest writers of the Spanish language.

In the year 1893 his entire image underwent a radical change. Upon returning from Mexico, where he had resided for less than a year, Valle appeared on the familiar streets of Pontevedra as a consummate eccentric. Dressed entirely in black, he shocked his strait-laced acquaintances by displaying an ankle-length robe, a broad-brimmed soft hat, a long beard, ten month's growth of hair, and a gigantic pair of tortoise-shell rimmed glasses. To this attire he added an air of arrogance, pedantry, and disdain toward the ordinary citizens of his town. His dress and mannerisms attracted a massive outcropping of sarcastic remarks and schoolboy pranks at Valle's expense, yet he defiantly labored to attract attention to his person for four long years, before deciding to pursue a career as a writer or actor in Madrid.

Valle's theatrical aspirations were curtailed in 1899 when a café brawl resulted in the amputation of his left arm. Incredible anecdotes about this mutilation grew from year to year, with Valle himself feeding the imagination of his friends with tales about bizarre duels, pirate captivity, and romantic encounters. The following year he accidentally shot himself during an expedition in search of buried treasure; though the wound was not serious, it incited Valle to create a new series of legends about his exploits.

At the turn of the century Valle was under difficult financial pressure, but he continued to publish stories and articles, gradually becoming one of Madrid's most respected writers. He was the first to proclaim his superiority: with his high-pitched voice and characteristic lisp, he held café tertulia *groups spellbound with verbal volleys, iconoclastic retorts, and eloquent outbursts of anger.*

By 1903 Valle had adopted a new pose. His scraggly beard was now well groomed, his hair was parted in the middle, his glasses rimless, and his cape shortened to the waist. As was the case with other outspoken individualists of his time, he scoffed frequently at bureaucratic bungling, ridiculed the government, belittled the clergy, and deprecated the military. His writings became more and more corrosive and sarcastic. He reached the peak of his literary fame in 1928, although in the eyes of many critics and government officials, his name was synonymous with mischief. He scandalized the entire nation by assuming an anachronistic political posture merely for the sake of supporting, in defiance, a lost cause. Unable to tolerate cruelty, deceit, and stupidity, he often scorned the social, political, and intellectual leaders of Spain as well as the common "rabble." Yet withal, he maintained a high sense of personal dignity which has prompted many biographers to agree with Martínez-López that Valle-Inclán was "the man with the highest moral integrity of his generation."

Valle-Inclán died in 1936 of cancer of the bladder. He refused the last rites and insisted that he be permitted a simple, non-religious burial. Only in the last few years has his name been cited as the father of Spain's contemporary theater, a precursor of the theater of the absurd, and the most influential intellectual of twentieth-century Spanish letters. In 1971 his great theatrical achievement, Luces de Bohemia, *heretofore unstaged and censored, was honored as the year's best dramatic work to be performed in Madrid.*

There is no terror as chilling and harrowing as that of a small child's fear of the unknown. In this tale of the supernatural, the presence of a sinister, threatening power, perceived through the eyes of a little boy, envelopes the atmosphere of a darkened room and invites strange pronouncements from the lips of a withered old spiritualist.

Valle-Inclán was born and raised in Galicia, a land teeming with an oral tradition of witchcraft, visions, spells, and weird superstitions. With this legacy of regional sorcery and black magic, he became, early in his writing career, one of Spain's most adept writers of fear-inspiring tales. In "Del misterio" he infuses a strange world of unseen spirits with the exquisite power of his poetic imagination, producing a brief narrative calculated to stun the reader with apprehension.

"Del misterio" is taken from the author's sixth published work, Jardín umbrío, *1903.*

Del misterio

¡HAY TAMBIÉN UN DEMONIO FAMILIAR! YO RECUERDO que, cuando era niño, iba todas las noches a la tertulia de mi abuela, una vieja que sabía estas cosas medrosas y terribles del misterio. Era una señora linajuda y devota que habitaba un caserón en la Rúa de los Plateros. Re- 5 cuerdo que se pasaba las horas haciendo calceta tras los cristales de su balcón, con el gato en la falda. Doña Soledad Amarante era alta, consumida, con el cabello siempre fosco, manchado por grandes mechones blancos, y las mejillas descarnadas, esas mejillas de dolorida expresión que parecen vivir huérfanas de[1] besos y de cari- 10 cias. Aquella señora me infundía un vago terror, porque contaba que en el silencio de las altas horas oía el vuelo de las almas que se van,

---

[1] **huérfanas de** = faltando, sin

y que evocaba en el fondo de los espejos los rostros lívidos que miran con ojos agónicos. No, no olvidaré nunca la impresión que me causaba verla llegar al comienzo de la noche y sentarse en el sofá del estrado al par de mi abuela. Doña Soledad extendía un momento sobre el brasero las manos sarmentosas, luego sacaba la calceta de una bolsa de terciopelo carmesí y comenzaba la tarea. De tiempo en tiempo solía lamentarse:

—¡Ay Jesús!

Una noche llegó. Yo estaba medio dormido en el regazo de mi madre, y, sin embargo, sentí el peso magnético de sus ojos que me miraban. Mi madre tambíen debió de advertir el maleficio de aquellas pupilas, que tenían el venenoso color de las turquesas, porque sus brazos me estrecharon más. Doña Soledad tomó asiento en el sofá, y en voz baja hablaron ella y mi abuela. Yo sentía la respiración anhelosa de mi madre, que las observaba queriendo adivinar sus palabras. Un reloj dio las siete. Mi abuela se pasó el pañuelo por los ojos, y con la voz un poco insegura le dijo a mi madre:

—¿Por qué no acuestas a ese niño?

Mi madre se levantó conmigo en brazos, y me llevó al estrado para que besase a las dos señoras. Yo jamás sentí tan vivo el terror de Doña Soledad. Me pasó su mano de momia por la cara y me dijo:

—¡Cómo te le pareces!

Y mi abuela murmuró al besarme:

—¡Reza por él, hijo mío!

Hablaban de mi padre, que estaba preso por legitimista[2] en la cárcel de Santiago.[3] Yo, conmovido, escondí la cabeza en el hombro de mi madre, que me estrechó con angustia:

—¡Pobres de nosotros, hijo!

Después me sofocó con sus besos, mientras sus ojos, aquellos ojos tan bellos, se abrían sobre mí enloquecidos, trágicos:

—¡Hijo de mi alma, otra nueva desgracia nos amenaza!

Doña Soledad dejó un momento la calceta y murmuró con la voz lejana de una sibila:

—A tu marido no le ocurre ninguna desgracia.

[2] **preso por legitimista** *es decir, el padre fue encarcelado porque había estado del lado del gobierno legítimo durante una sublevación política*

[3] **Santiago** = Santiago de Compostela en Galicia

Y mi abuela suspiró:

—Acuesta al niño.

Yo lloré aferrando los brazos al cuello de mi madre:

—¡No quiero que me acuesten! Tengo miedo de quedarme solo. ¡No quiero que me acuesten!... 5

Mi madre me acarició con una mano nerviosa, que casi me hacía daño, y luego, volviéndose a las dos señoras, suplicó sollozante:

—¡No me atormenten! Díganme qué le sucede a mi marido. Tengo valor para saberlo todo.

Doña Soledad alzó sobre nosotros la mirada, aquella mirada que 10 tenía el color maléfico de las turquesas, y habló con la voz llena de misterio, mientras sus dedos de momia movían las agujas de la calceta:

—¡Ay, Jesús!... A tu marido nada le sucede. Tiene un demonio que le defiende. Pero ha derramado sangre... 15

Mi madre repitió en voz baja y monótona, como si el alma estuviese ausente:

—¿Ha derramado sangre?

—Esta noche huyó de la cárcel matando al carcelero. Lo he visto en mi sueño. 20

Mi madre reprimió un grito y tuvo que sentarse para no caer. Estaba pálida, pero en sus ojos había el fuego de una esperanza trágica. Con las manos juntas interrogó:

—¿Se ha salvado?

—No sé. 25

—¿Y no puede usted saberlo?

—Puedo intentarlo.

Hubo un largo silencio. Yo temblaba en el regazo de mi madre, con los ojos asustados puestos en Doña Soledad. La sala estaba casi a oscuras: En la calle cantaba el violín de un ciego, y el esquilón de 30 las monjas volteaba anunciando la novena.⁴ Doña Soledad se levantó del sofá y andando sin ruido la vimos alejarse hacia el fondo de la sala, donde su sombra casi se desvaneció. Advertíase apenas la figura negra y la blancura de las manos inmóviles, en alto. Al poco

⁴ **el esquilón de las monjas volteaba anunciando la novena** *es decir, sonaba la campana para convocar a los actos de devoción que se practican durante nueve días seguidos*

comenzó a gemir débilmente, como si soñase. Yo, lleno de terror, lloraba quedo, y mi madre, oprimiéndome la boca, me decía ronca y trastornada:

—Calla, que vamos a saber de tu padre.

Yo me limpiaba las lágrimas para seguir viendo en la sombra la figura de Doña Soledad. Mi madre interrogó con la voz resuelta y sombría:

—¿Puede verle?

—Sí... Corre por un camino lleno de riesgos, ahora solitario. Va solo por él... Nadie le sigue. Se ha detenido en la orilla de un río y teme pasarlo. Es un río como un mar...

—¡Virgen mía, que no lo pase!

—En la otra orilla hay un bando de palomas blancas.

—¿Está en salvo?

—Sí... Tiene un demonio que le protege. La sombra del muerto no puede nada contra él.[5] La sangre que derramó su mano, yo la veo caer gota a gota sobre una cabeza inocente...

Una puerta batió lejos. Todos sentimos que alguien entraba en la sala. Mis cabellos se erizaron. Un aliento frío me rozó la frente, y los brazos invisibles de un fantasma quisieron arrebatarme del regazo de mi madre. Me incorporé asustado, sin poder gritar, y en el fondo nebuloso de un espejo vi los ojos de la muerte y surgir poco a poco la mate lividez del rostro, y la figura con sudario y un puñal en la garganta sangrienta. Mi madre, asustada viéndome temblar, me estrechaba contra su pecho. Yo le mostré el espejo, pero ella no vio nada: Doña Soledad dejó caer los brazos, hasta entonces inmóviles en alto, y desde el otro extremo de la sala, saliendo de las tinieblas como de un sueño, vino hacia nosotros. Su voz de sibila parecía venir también de muy lejos:

—¡Ay, Jesús! Sólo los ojos del niño le han visto. La sangre cae gota a gota sobre la cabeza inocente. Vaga en torno suyo la sombra vengativa del muerto. Toda la vida irá tras él. Hallábase en pecado cuando dejó el mundo, y es una sombra infernal. No puede perdonar. Un día desclavará el puñal que lleva en la garganta para herir al inocente.

[5] **no puede nada contra él** = no tiene fuerzas para vencerle

Mis ojos de niño conservaron mucho tiempo el espanto de lo que entonces vieron, y mis oídos han vuelto a sentir muchas veces las pisadas del fantasma que camina a mi lado implacable y funesto, sin dejar que mi alma, toda llena de angustia, toda rendida al peso de torvas pasiones y anhelos purísimos, se asome fuera de la torre, donde sueña cautiva hace treinta años. ¡Ahora mismo estoy oyendo las silenciosas pisadas del Alcaide Carcelero!

I. Preguntas

1. Según el narrador, ¿qué es «un demonio familiar»?
2. ¿Qué reputación tenía la abuela?
3. Describa la apariencia física de Doña Soledad.
4. ¿Por qué estaba aterrorizado el niño de Doña Soledad?
5. Durante sus sesiones de espiritismo, ¿qué solía ver Doña Soledad en los espejos?
6. ¿Por qué quería la abuela que acostaran al niño?
7. Según Doña Soledad, ¿a quién se parecía el niño?
8. ¿Qué suceso medroso había visto Doña Soledad en su sueño?
9. ¿Por qué no podía dañar al padre el espíritu del muerto?
10. ¿Cómo era la figura que entraba en la sala?
11. Sólo los ojos del niño vieron al fantasma. ¿Por qué?
12. ¿Por qué dice Doña Soledad que la sombra del muerto es vengativa?
13. ¿Cuál es la profecía que declara Doña Soledad?
14. ¿Dónde ha pasado el narrador sus últimos treinta años?
15. ¿Qué entiende usted por la última oración del cuento?

II. Enriquecimiento de vocabulario

A. *Escoja la palabra que corresponde a cada definición.*

1. Persona a quien se le ha muerto el padre, la madre o ambos.
2. Sala donde antiguamente recibían las señoras a las visitas.

cuello
espejo
huérfano
preso

3. Sitio formado por la falda cuando una mujer está sentada.

4. Parte del cuerpo que une la cabeza al tronco.

5. Persona que está encerrada en una cárcel.

puñal
regazo
hombro
estrado
orilla
brasero

B. *Escoja el adjetivo que corresponde como sinónimo a la palabra en cursiva en cada oración. Haga los cambios necesarios de género y número.*

1. El preso llevaba zapatos *manchados* de barro.
2. ¿Viste su *dolorida* expresión cuando supo la noticia?
3. Mi abuela ya no es una persona *resuelta*.
4. Tu demostración de cariño me deja muy *conmovido*.
5. La muerte del huérfano fue un suceso *funesto*.

anheloso
desgraciado
malvado
sangriento
medroso
apenado
venenoso
sucio
emocionado
decidido

C. *Escoja el sustantivo que corresponde como sinónimo a la palabra en cursiva en cada oración. Haga los cambios necesarios de género y número.*

1. Se ha anunciado una *tertulia* para el lunes.
2. El peluquero dejó demasiado corto el *pelo*.
3. No hay ningún *peligro* en probar.
4. Los *rezos* de la vieja infunden esperanza.
5. Prefiero que no vuelvas la *cara* cuando te hablo.

riesgo
tarea
oración
caricia
rostro
reunión
mejilla
cabello
espejo
pisada

D. *Exprese en español las oraciones siguientes usando los modismos que corresponden a las palabras en cursiva.*

1. I *cannot manage* that angry child.
2. *Other than* what you told me, is there anything else that you wish to say?
3. *Have a seat* and I'll be with you soon.
4. It cannot *hurt* you if you're careful.
5. She won't admit that she *is afraid*.

tener lugar
en salvo
hacer daño
tomar asiento
no obstante
no poder con
al par de
fuera de
tener miedo
hacer caso

III. Ejercicios de oraciones

A. *Llene el espacio en blanco con el sustantivo apropiado.*

1. Dile a la criada que limpie los ____ del ventanal.
2. Vas a parar en la ____ si no te portas bien.
3. Se dice que los ojos son el ____ del alma.
4. Se le atravesó una espina en la ____.
5. Se le llama al demonio el Ángel de ____.

cristales
monjas
tinieblas
aliento
cárcel
sudario
pupilas
espejo
calceta
garganta

B. *Llene el espacio en blanco con el verbo apropiado conjugándolo según convenga.*

1. Cuando salga, le ____ la mano al despedirme de ella.
2. El viento me ____ el sombrero antes de que pudiera entrar.
3. El jefe me está ____ con reducir mi sueldo.
4. ¡Ay! ¿No ves que has ____ el café en la alfombra?
5. ¿No puedes ____ quién te lo mandó?

derramar
suspirar
estrechar
infundir
vagar
arrebatar
murmuarar
amenazar
asomar
adivinar

IV. Repaso de verbos

Exprese en español las oraciones siguientes usando los verbos a la derecha.

1a. She is complaining that you didn't call her.   *lamentarse de*
 b. The young man grieved to see her cry.

2a. Thanks for your help; keep the change!   *quedarse con*
 b. I'll keep the skirt if you'll lower the price.

3a. Get away from that fire!   *alejarse*
 b. The nun slowly drew away from the mirror.

4a. He must have already gone out.   *deber de*
 b. The train should arrive by noon.

5a. Upon seeing his confidence, my suspicions   *desvanecerse*
   disappeared.
 b. All of our problems will vanish when we sell
   this terrible car.

V. Temas para conversación o composición

1. Algún temor que yo tenía cuando era niño.
2. La persona que más me inspira miedo.
3. La peor desgracia que nos amenaza hoy día.
4. Si pudiera elegir mi manera de morir, escogería …
5. Mi conjetura personal sobre:
   a. lo que le pasó al padre después de escaparse de la cárcel.
   b. Lo que le sucede al hijo al final de su vida.

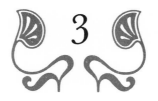

FRANCISCO ROJAS GONZÁLEZ

Tragedia grotesca

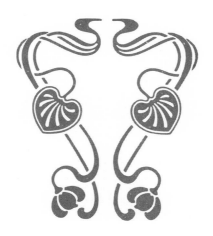

FRANCISCO ROJAS GONZÁLEZ

(1903–1951)

  The violence of a senseless and devastating war attended Rojas González throughout the years of his childhood, youth, and early maturity. He was only six when the Mexican Revolution erupted. He was nine when Madero was murdered, sixteen when Carranza was killed, twenty-four when Obregón was assassinated. Political corruption and bloodshed prevailed until he was thirty, at which time he witnessed the inauguration of Lázaro Cárdenas and the beginning of a constructive but frustrating era of national regeneration. Unlike most of his predecessors, who dabbled with picturesque accounts of curious customs or raged with despair over the calamitous state of Mexico's ruin, Rojas González applied his literary talents to exalt the positive aspects of the Revolution. He is remembered today for his realistic defense of the Indian people and for his sensitive appraisal of their culture.

  Rojas González's interest in the indigenous inhabitants of Mexico led him to pursue ethnological studies and to publish a number of professional papers dealing with the social and intellectual behavior of Indian communities. He devoted nearly twenty years to anthropological research under the auspices of the University of Mexico's Instituto de Investigaciones Sociales. These studies afforded him an opportunity to travel widely throughout his country, visiting the sites of ancient Indian cultures and living in remote native villages. His first-hand acquaintance with the exasperating social problems of Indian integration made him acutely sensitive to reform-oriented programs espoused by the government, and as a consequence, his interests gravitated more and more toward politics. His political involvement merely reaffirmed a family practice, for his uncle had been President of the celebrated Constitutional Congress. Rojas González's major discourses and writings dignified thereafter the Indian heritage of Mexico while at the same time dramatizing the everyday difficulties of the impoverished masses.

Don Francisco was about to write his third novel when death overtook him at the age of forty-eight. In addition to his two novels, he left a legacy of fifty-five outstanding short stories. Yet despite having won the Premio Nacional de Literatura in 1944, Rojas González has not been accorded the critical prominence he deserves. Very few have undertaken an evaluation of his contributions to twentieth-century Mexican literature. Nevertheless, his stories and novels continue to be read by the Mexican people as documents of an authentic social reality.

Rojas González believed that literature serves no purpose unless it reflects the problems of everyday life. His characters often become spokesmen for revealing the peculiarities of the human predicament in the Mexico of his time. Yet he imbues each character with a living vitality of spirit and personality, thus transforming local types into universal figures and converting particular dilemmas into problems of broad human concern.

He refused to revise any of his previous writings, claiming that a literary work, like that of an architectural monument, loses its equilibrium and harmony with later changes. We therefore experience the unique presence of fresh spontaneity when reading any of his tales. By force of his direct style, simple language, vivid realistic portrayals, and penetrating irony, Rojas González achieves, at his best, a measure of greatness in the field of modern literature.

Joseph Sommers has written that Rojas González's stories dramatize "the uncertainty of individual human destinies." This statement is especially significant in connection with the present selection, a story which features the calamity befalling one humble individual in the wake of an unpredictable and inhumane event. The author sketches with unforgettable precision the course of an ordinary man's career, the personal and silent pride of his accomplishment, the unspoken devotion to a routine task. And in the anguish of his fall we experience the despair of all people whose lives are disrupted by the established currents of political or business imperiousness.

"Tragedia grotesca" was written during a period (1928–1933) in which the Mexican government and its programs experienced profound instability. It was published in a short story collection entitled El Pajareador, *1934.*

Tragedia grotesca

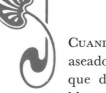

CUANDO EL RELOJ DABA LAS NUEVE, EL VIEJECITO aseado y de buen ver[1] ponía en movimiento la pluma, que de saltito en saltito,[2] iba estampando sobre la blanquísima hoja renglones parejos, firmes, trazados con admirable letra inglesa[3] —«de aquella que de tan bonita ya ni se usa» —según apreciación de la perfumada taquígrafa, que trabajaba a la vera[4] del Oficial Tercero.

A la una en punto, el viejo se quitaba las mangas de lustrina negra; descolgaba de sus naricillas las gastadas antiparras, limpiá-

---

[1] **de buen ver** = de aspecto sano y agradable
[2] **de saltito en saltito** = pasando de un lugar a otro
[3] **letra inglesa** *letra manuscrita muy inclinada hacia la derecha y cuyos perfiles resultan de la presión de la pluma*
[4] **a la vera** = junto a, al lado de

balas cuidadosamente con una hoja de papel «cebolla», para guardarlas después dentro del estuche de terciopelo desteñido.

Estiraba los pies bajo el escritorio y tras de ver largamente su obra de toda la mañana, procedía a dejar limpio el pupitre y acomodados ordenadamente aquellos documentos, de los que extrajera tantas cifras para reunirlas después en interminables columnas.

A veces, antes de abandonar la oficina, el Jefe de Sección tenía este comentario al ver la labor del empleado:

—Careaguita, es usted de los insustituibles. Lo felicito... ¡Qué bien, qué bien!

—Se hace lo que se puede, señor. La práctica de quince años me ayuda mucho— respondía sonriendo lleno de satisfacción.

Luego iba al perchero, descolgaba paraguas, sombrero y abrigo; sacudía escrupulosamente su calzado y salía precediendo al eco:

—¡Hasta la tarde, señores!

¡Quince años!

Los compañeros de oficina sabían que era viudo; que hacía el viaje de la vida en tercera clase y que su única compañera era una hija demente.

Él nunca se quejaba; pero a veces sus ojillos verdes amanecían enrojecidos: era que había velado la noche entera a los pies de la enferma.

Todos le consultaban los puntos de difícil solución. Él, para todos tenía una respuesta y una sonrisa.

Y el comentario se generalizaba:

—¡Careaguita «es una dama»![5]— o bien:

—¡Pero qué competente es el señor Careaga!

El Oficial Tercero no hacía caso de la lisonja. Trabajaba, trabajaba sin levantar la cabeza.

A veces charlaba con el Oficial Primero, después de terminado el trabajo:

—Mientras tenga fuerzas para continuar ganando el sustento de mi hija, me consideraré absolutamente feliz...

---

[5] «**es una dama**» *es decir, Careaga es un señor cuyos modales son de los más pulidos y distinguidos*

—¡Es usted la flor y nata[6] del empleado público, Careaguita!

Y él, con gesto tranquilo y paso reposado, abandonaba la oficina tras aquella frase repetida durante quince años:

—¡Hasta mañana, señores!

Un día aconteció un hecho extraordinario; algo que hizo palidecer desde al mozo de oficios hasta el Jefe de Sección: nuevo Ministro.

Y aquéllo trajo consigo todo un pavoroso cortejo: pánico, desesperanza, angustia.

Los empleados formaron corrillos, en los que jugueteaban la hablilla y el chisme.

Las labores se suspendieron y todo el mundo se dedicó a pensar empeñosamente en el cese.

Sólo Careaguita siguió trazando sus renglones firmes, parejos, cortados de cuando en cuando por la columna de guarismos y signos aritméticos.

—¿Y usted qué opina de lo que está pasando, señor Careaga?

—Que deben temblar aquéllos que no cumplen con su deber...

A la última campanada de las nueve, el Oficial Tercero tomaba asiento en su viejo sillón giratorio. Cuando se disponía a cambiar pluma al grueso mango, se dio cuenta de que a un lado de la mesa estaba un sobre amarillo.

Con gravedad sacó sus antiparras, las limpió escrupulosamente con una hoja de papel «cebolla» y a la distancia que le permitió su miopía, leyó: «Al Ciudadano Pedro M. Careaga, Oficial Tercero de esta Secretaría. Presente.»[7]

Tomó con ademán reposado la plegadera; desempolvó su hoja con todo cuidado, para después abrir el sobre amarillo.

Cuando terminó la lectura, levantó la vista y observó que todos los compañeros le miraban con tristeza. Hasta entonces comprendió lo difícil de aquella situación.

---

[6] **flor y nata** = el mejor y más selecto. La nata es la crema rica con azúcar que se pone mucho en los pasteles.

[7] **presente** = la presente carta; *equivale a decir que el sobre contiene algo escrito dirigido al señor Careaga*

FRANCISCO ROJAS GONZÁLEZ

Pálido, tembloroso, bajó la cara.

—Cómo lo siento, señor Careaga— se atrevió a decir el Jefe de Sección. —Tenga usted la seguridad de que yo ... Bueno, no faltó quien informara al señor Oficial Mayor que su calidad de buen empleado había bajado con los años; además, el nuevo Ministro tiene muchos compromisos y naturalmente ... Pero de todas suertes, señor Careaga, ya sabe usted que me tiene a sus órdenes ... Yo reconozco ... Desgraciadamente ...

—Gracias, está bien— murmuró el anciano.

Cuando salió de la oficina, iba tambaleante, cómico, ridículo. Caminaba como uno de esos autómatas de la burlesca juguetería francesa: carcovado, trémulo, con sus ojillos encendidos como brasas y arrastrando aquel impecable sobretodo a cuadros.[8]

—¡Adiós, señores!— dijo cambiando la frase de saludo que usó durante quince años.

¡Quince años!

A la mañana siguiente, el reloj escupió nueve campanadas; pero la ausencia de Careaguita no confirmó la exactitud de la hora.

Sobre el escritorio, en donde se había liquidado parte de una vida, quedaba tan sólo como pago de aquel esfuerzo, un sobre amarillo que abría su boca como queriendo confesar todo su crimen.

Un empleado, vecino de Careaga, trajo la nueva:

Cuando salió de la oficina, al cruzar la calle, fue alcanzado por un auto que lo hizo « polvo».

Sobre la dura plancha de la estación de policía, el cuerpo del señor Careaga, mal cubierto por el impecable sobretodo a cuadros, esperaba que el bisturí le hiciera la postrera caricia.[9]

—No hay dinero par enterrarlo— dijo como final de su información el vecino del Oficial Tercero.

Hubo una pobre colecta entre los empleados.

Uno fue comisionado para contratar el servicio funerario.

Se recordaron las excelencias de Careaguita.

El Oficial Primero elogió su labor.

---

[8] **a cuadros** *es decir, el abrigo tiene una tela escocesa, un diseño en forma de cuadros*
[9] **esperaba ... caricia** *es decir, el cuerpo esperaba la preparación final para el entierro*

La taquígrafa perfumada tuvo oportunidad de lucir sus pañuelillos de batista cuando se enjugó los ojos.

Alguien maldijo al coche que atropellara al anciano.

Pero otro, con tono de seguridad, exclamó:

—El atropello del auto no fue el que mató a Careaga. Fue otro, el que sufrió aquí en la oficina; ése paralizó su corazón.

Hubo silencio alrededor del deslenguado y todos escondieron su miedo tras de los pupitres.

En tanto, en la paupérrima vivienda de Santa María la Redonda, una pobre loca exigía a gritos el sedante beso paternal.

I. Preguntas

1. ¿Cómo ha procedido el señor Careaga como empleado público?
2. ¿Cómo se sabe que Careaga siempre era muy puntual?
3. ¿Qué opinan sus colegas de oficina sobre su trabajo?
4. ¿Qué efecto tienen los elogios de sus compañeros sobre las labores del viejo?
5. ¿Qué quiere decir la expresión que el señor Careaga «hacía el viaje de la vida en tercera clase»?
6. ¿Cuál es la relación entre el señor Careaga y su hija?
7. ¿Con qué actitud y resolución trabajaba Careaga durante los quince años?
8. Describa la reacción de los empleados al saber que iban a tener un nuevo ministro.
9. ¿Cuál fue el propósito de los corrillos formados por los empleados?
10. ¿Qué contenía el sobre amarillo?
11. ¿Qué tipo de explicación le ofrece el Jefe de Sección al señor Careaga?
12. Compare la última salida del viejo con su manera habitual de partir desde hace quince años.
13. ¿Cómo murió el viejo?
14. Describa lo que se decía en el servicio funerario.
15. ¿Cuál es el efecto emocional del último párrafo?

II. Enriquecimiento de vocabulario

A. *Escoja la palabra que corresponde a cada definición.*

1. Un hombre cuya edad indica un estado avanzado de edad.
2. Un movimiento o actitud del cuerpo.
3. La obligación contraída por alguien con una promesa o contrato.
4. Todo lo que sirve para cubrir, proteger o adornar los pies.
5. La parte del vestido que cubre el brazo o parte de él.

compromiso
ademán
pañuelo
calzado
anciano
perchero
manga
chisme
estuche
lisonja

B. *Escoja el adjetivo que corresponde como sinónimo a la palabra en cursiva en cada oración. Haga los cambios necesarios de género y número.*

1. Caminaba a la oficina con pasos *reposados*.
2. El anciano emitió su *postrer* suspiro.
3. *Debilitado* y enfermo, cambió de profesión.
4. La señora, *aseada* y distinguida, nos saludó desde el balcón.
5. La pobre niña suplicaba el *sedante* beso del padre.

trémulo
pavoroso
gastado
tranquilo
desteñido
grueso
último
ridículo
pulcro
calmante

C. *Escoja el sustantivo que corresponde como sinónimo a la palabra en cursiva en cada oración. Haga los cambios necesarios de género y número.*

1. Colocamos los documentos sobre el *pupitre*.
2. Con las *antiparras* puestas, parecía más viejo.
3. Las pequeñas *hablillas* de la vecindad nos desacreditaron.
4. ¿Recibiste una *respuesta* favorable?
5. Mañana llegarán las *noticias* que esperas.

gesto
cortejo
lentes
plegadera
contestación
chismes
calzados
escritorio
nuevas
sonrisa

D. *Exprese en español las oraciones siguientes usando los modismos que corresponden a las palabras en cursiva.*

1. *Everybody* was talking about you.
2. I'm *at your service* when you need me.
3. *Pay* no *attention* to them.
4. I hope you'll be here at six o'clock *sharp*.
5. I didn't *realize* you were so ill.

cada vez que
hacer caso
pagar al contado
en seguida
darse cuenta de
en punto
de todas suertes
a sus órdenes
todo el mundo
hasta entonces

III. Ejercicios de oraciones

A. *Llene el espacio en blanco con el sustantivo apropiado.*

1. Ya no me hace falta el ____ porque ha dejado de llover.
2. Ella prefiere quedarse ____ que casarse de nuevo.
3. Hallarás tu abrigo colgado en una ____.
4. ¡Déjame, Paco! No puedo tolerar tus ____.
5. Abrí el ____ para sacar mis gafas.

plegadera
paraguas
tristeza
estuche
cortejo
caricias
cese
viuda
percha
campanadas

B. *Llene el espacio en blanco con el verbo apropiado conjugándolo según convenga.*

1. Una bicicleta ha ____ a un niño.
2. Es tan repugnante que me gustaría ____ la idea en el olvido.
3. Te imponen una multa si ____ en el tranvía.
4. Es necesario que ____ las piernas después de sentarnos por tanto tiempo.
5. Me parece que ya le empieza a ____ la suerte.

elogiar
escupir
disponer
enterrar
estirar
extraer
atropellar
amanecer
palidecer
sonreír

FRANCISCO ROJAS GONZÁLEZ

IV. Repaso de verbos

Exprese en español las oraciones siguientes usando los verbos a la derecha.

1a. He was the only one who dared to speak.   *atreverse a*
 b. I would not dare to complain.

2a. I consider myself well paid for the effort.   *considerarse*
 b. Do you consider yourself happy?

3a. We will now proceed to suspend the rules.   *proceder a*
 b. His work completed, he proceeded to praise
    his companions.

4a. I wasn't able to catch up to him.   *alcanzar*
 b. If I were taller I could reach that window.

5a. I'm devoting myself entirely to you.   *dedicarse a*
 b. She was interested in finding her husband's
    money.

V. Temas para conversación o composición

1. Las ventajas o las desventajas de llevar una vida con gran regularidad
   y precisión.
2. El caso Careaga: ¿Es cuestión de demasiada confianza, de traición
   o de mala suerte? ¿O es simplemente el resultado de haber llevado
   una vida burocrática? Explíquese.
3. Si yo hubiera sido uno de los compañeros de oficina del señor Careaga, ...
4. Lo que yo hubiera dicho si hubiese tenido la oportunidad de pronunciar un discurso en el servicio funerario del señor Careaga.
5. Los acontecimientos del cuento observados desde el punto de vista
   del nuevo ministro.

4

ANA MARÍA MATUTE

El mundelo

ANA MARÍA MATUTE

(b. 1926)

Few novelists writing in the Spanish language today have attained a universal recognition equal to that of Ana María Matute. Readers throughout the world are attracted to her realistic prose style and her pessimistic but compassionate treatment of isolated and oppressed human beings.

When only nineteen, Matute wrote her first novel. By the time she was forty-five, she had published eight novels and nine collections of short stories, sketches, and essays. Her pen continues to record the lyrical and emotional impact of authentic human experiences, many derived from the years of her childhood in Old Castile, where she witnessed the violence, pain, death, and heartache of the Spanish Civil War. The world of her rich prose, a world filled with tales of alienation and loneliness, appeals to the mature literary sensibilities of a universal audience, for several of her writings have now been and continue to be translated into many languages.

Matute was ten years old when many lives and dreams were exterminated by the horrors of war. She was a spectator to the conflagration: the killing, the bombardments, the suffering, the cruelty. And her work, marked by vivid impressions of misery and atrocities, reflects the impact of our violent age on the human spirit. "Her major characters and many of her minor ones," writes Janet W. Díaz, "are solitary, introverted, misunderstood, neurotic, or otherwise estranged from their families and society."

While Matute's primary contribution to literature is associated with the novelistic realm, the quality of her short stories has occasioned high acclaim. Somber in tone, *infused with a fatalistic conception of life, her many short stories echo the recurrent themes of her novels: human estrangement, solitude, a sense of futility, the cruelty of individuals and society, and the breakdown of social values and individual communication. Most of her tales treat the isolation of children and adolescents, many of them homeless, some rebellious, others handicapped in a physical, social, or mental way.*

The overriding sensation derived from reading a Matute story is one of an abiding sympathy on the part of the author for the lonely and desperate victims of injustice or maltreatment. And it is this attitude—the constancy of Matute's compassion for people who have been denied their freedom and who suffer under intimidation—that has compelled the Spanish government on occasion to censure some of her writings. Matute has also been reproved for her social involvement in the name of freedom. In 1971, for example, she was fined 50,000 pesetas for having collaborated with more than 300 Catalans in drafting and signing the Monserrat Manifesto, a courageous document which pleads for the abolition of repressive political action against the Basques and demands the institution of democratic liberties in Franco's Spain. And in May of 1972 she was denied the privilege of leaving Spain to attend an international conference in Nice as the sole Spanish representative for the Instituto Nacional del Libro Español. Such political incursions on her personal rights to speak or to travel freely are indicative of the sustained oppression which continues to threaten and frustrate many intellectual and artistic endeavors in today's Spain.

The story of El Mundelo unfolds on two closely related themes, each characteristic of Matute's fiction. The first is the protagonist's desperate loneliness, his alienation from the world of "normal" people. The second is the strong personal pride of belonging which compels El Mundelo to return to a hostile community because it is his only home, thus preferring the cold comfort of social rejection to a complete and devastating isolation.

"El Mundelo" is written with simple, unadorned prose. The action is compact, description is minimal, the imagery sparse but starkly pertinent. Note, for instance, how Matute characterizes El Mundelo's eyes as insects and how skillfully she employs this image to describe Mundelo's quarters, using such words as "carcoma" and "roer."

The collection from which this selection is taken is entitled Historias de la Artámila, *a volume of twenty-two short stories published in 1961. Artámila is a fictitious name, although the locale it represents is Mansilla de la Sierra in Old Castile, where Matute spent her summers as a child.*

El Mundelo

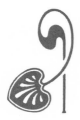

EL MUNDELO LLEGÓ A LAS MINAS DESDE UNA TIERRA lejana a la aldea. Como los otros mineros tenía el color bajo, sucio, y olía a plomo. El Mundelo, cosa extraña, no tenía familia. Casi todos sus compañeros eran hombres casados y padres de ocho o diez hijos. Pero el Mundelo era   5 un hombre solitario, taciturno y de pocos amigos. Ninguno de los mineros gozaba en la aldea de simpatías, pero quizá era el Mundelo el mejor tolerado, por no ser alborotador ni armar pendencias.[1]

El sábado, generalmente, ocurrían los grandes alborotos. El sábado era el día en que cobraban el jornal los mineros. Se les veía   10

---

[1] **armar pendencias** = provocar riñas; pelear

ANA MARÍA MATUTE

bajar hacia la aldea por el camino alto, al atardecer. Brillaban en la oscuridad naciente las luces de sus faroles de acetileno, y, ya de lejos, parecía sentirse el olor espeso y asfixiante de sus faroles y de sus cuerpos. Luego, se metían en la taberna y se emborrachaban. A
5 menudo, iban sus hijos a buscarles.

    —Padre, madre llama...

    Unas veces, les hacían caso.[2] Otras les pegaban, para alejarlos. Solamente el Mundelo se quedaba en una esquina, sentado al final de la larga mesa donde solían comer los carreteros, y bebía comedida-
10 mente una jarrita de vino rosado. Solía mirar vagamente hacia la luz del candil, o hacia la ventanita cuadrada por donde se divisaba la primera transparencia nocturna, como un retal allí prendido, insólito y ajeno. La jarrita daba justamente para dos vasos y pico, que él se bebía muy despacio. A cada sorbo se limpiaba la boca con
15 el revés de la mano, y pensaba en sus cosas, encerradas y oscuras, que a nadie comunicaba. A veces, los compañeros le tentaban: aludían a él, se burlaban, insinuaban. Él fingía no oír, achicaba aún más sus ojos mongólicos y los prendía, como dos insectos charolados y siniestros, en la pared de la taberna, recién encalada y aún húmeda.
20 Los hombres acababan dejándole en paz, y se liaban entre ellos a disputas, a bravatas, a promesas de amistad eterna o a cuchilladas. Esta hora del sábado era temida en la aldea, y ningún campesino solía asomarse a la taberna hasta que los mineros la habían abandonado. El resto de la semana los mineros eran gentes pacíficas,
25 melancólicas y más bien sentimentales. La mayor parte de ellos estaban dañados por el plomo, y su enfermedad era muy temida en la aldea.

    Un día el Mundelo empezó a sentirse enfermo. Lo advirtió al levantarse, de madrugada. Vivía en lo alto de un pajar, como casi
30 todos los mineros, por la calle del Conde Duque, a las afueras de la aldea, cerca del río Agaro. Mundelo dormía en el suelo, sobre un colchón de borra, junto al ventanuco. Las vigas estaban podridas y aquella noche desvelada oyó durante horas y horas roer a la carcoma. El ventanuco fue palideciendo, rosándose, tomando un tinte luminoso
35 y lívido. El Mundelo se levantó. En un cofre negro, allí al lado,

---

[2] **les hacían caso** = les prestaban atención

guardaba su ropa. Aquel día, antes de vestirse, miró por la ventana, hacia el río. Contempló el agua, brillando verdosamente, con un verde de fuegos fatuos, entre los juncos y las cañas. Luego, la lejanía. Mundelo sintió una gran sed, y cuando bajó al río y le dio el aire en la frente le invadió un temblor grande. Pero no dijo nada a nadie, y acudió a la mina, como todos los días.

Día a día, su mal fue creciendo. El Mundelo oía la carcoma por las noches, royendo las vigas, debajo de su espalda. El mal crecía: ya no podía dudar de él. Entonces, el Mundelo pensó en su soledad. Y, al pasar por la aldea, miraba fijamente a los niños, a las mujeres, a los pájaros, con sus pupilas brillantes y negras como el caparazón de algunos insectos. Leve, muy levemente, el Mundelo iba transformándose. Hablaba de cuando en cuando a sus compañeros, se hacía más sociable. Pero a nadie decía nada de su daño.

Era ya entrado septiembre cuando aceptó beber en la taberna. Le invitaron Lobuno y su primo, ya bastante cargados,[3] por cierto. Mundelo se levantó despacio del extremo de la mesa y se acercó. Estaba muy pálido, con la barba crecida y negra dándole un aire sucio y torvo. Lobuno pidió tres rondas de una vez. Mundelo alargó a los vasos su mano gris, y bebió. Bebía despacio y echando muy atrás la cabeza. Por su garganta, al pasar el vino, rebrillaba la luz del candil como una gota de sudor.

Bebieron mucho, y Lobuno y su primo le tentaron lo suyo.[4] Pero Mundelo apretaba los labios y fingía sonreír. Sus ojos estaban encendidos pero su gesto era manso y medido, como siempre. Fue al salir, yendo ya hacia la casa, cuando ocurrió la desgracia. Lobuno y su primo cantaban una canción triste y ululante y no se mantenían seguros sobre sus piernas. Mundelo iba más firme. Pero al llegar a la esquina del Conde Duque le vino el vómito. Su sangre, negra y siniestra, manchó las piedras. Mundelo se quedó apoyado en el muro, temblando, bañado en sudor. Entonces, Lobuno y su primo se dieron cuenta.[5] Lobuno empezó a gritar:

—¡El mal! ¡El mal le dio al Mundelo! ¡Eí, eí, el mal también le dio al Mundelo!

---

[3] **cargados** = emborrachados
[4] **le tentaron lo suyo** *es decir, volvieron a molestar al Mundelo con sus burlas de antes*
[5] **se dieron cuenta** = comprendieron

ANA MARÍA MATUTE

—Calla —dijo el Mundelo—. Calla.

—¿Y de qué, callar? —siguió gritando Lobuno—. ¿De qué? ¿Eres tú de otra clase? ¿Tú has de ser siempre distinto, Mundelo? ¡Venid, venid todos, que el mal le dio al Mundelo!

5   —Calla —volvió a decir Mundelo.

—¡No callo! ¡No callo, sépanlo todos: el mal le alcanzó al Mundelo!

Sobre sus cabezas se abrió una ventana. Más allá, otra. Entonces, el Mundelo sacó la navaja y le abrió el vientre al Lobuno.

10   Dos días después se lo llevaron.[6] Las mujeres de la aldea salían a las puertas a ver como la Guardia Civil conducía al Mundelo. Los niños pequeños se escondían detrás del delantal de sus madres.

Tuvieron que ir de camino hasta Montalvo. De allí, en carro, a la cabeza del partido,[7] donde tomaron el tren hasta la capital de la

15   provincia. El Mundelo no habló ni una palabra en todo el trecho. Era dócil y parecía mudo, pensando en cosas muy distintas. Por eso le quitaron las esposas. «Es de fiar», dijo el número Peláez.

A eso de las doce de la noche, el tren entró en el puente de Montemayor. La locomotora se salió de los railes y se cayó al río.

20   Arrastró los dos vagones siguientes y extraña, incomprensiblemente, quedó sobre el puente, retemblando, el vagón donde iba Mundelo.

Mundelo estaba quieto, con la cabeza echada un poco hacia un lado y los ojos fijos, posados como insectos en la ventanilla, que mostraba un pedazo de noche sobre el río. Allá, el campo. El vagón

25   crujió de un modo grande, entero, como roído por una carcoma gigante. Los guardias, que dormitaban, cayeron al suelo. Un madero desprendido de alguna parte cayó sobre la cabeza del número Peláez. El Mundelo se levantó del asiento y salió afuera, a la catástrofe. El viento de la noche era limpio, libre. Los campos se alargaban hacia

30   el horizonte hermoso, ya rozado por la plata de un próximo resplandor. El Mundelo estuvo un momento quieto, con los ojos como huidos hacia el campo, entre los gritos y el fragor del río. Luego, acudió allá abajo. Fue de los primeros y de los pocos que iniciaron el salvamento.

---

[6] **se lo llevaron** = la policía lo prendió
[7] **la cabeza del partido** = la capital del distrito

En la aldea se supo.

—Dicen que el Mundelo se pudo escapar y no lo hizo.

—Dicen que el Mundelo salvó muchas vidas...

Debió ser cierto: tiempo después, el Mundelo fue indultado, en gracia a su comportamiento en el accidente. Además, el Lobuno no murió. Quedó muy mal parado,[8] pero la cosa no fue a más,[9] y se volvió a su tierra con su mujer y sus hijos.

Cerca de un año después de su indulto, un día, unos niños que jugaban en el río vieron al Mundelo por el camino alto. Era en el mes de agosto, a eso de las nueve, cuando el cielo empezaba a palidecer. Venía con su paso lento, el hatillo en la mano, la barba negra y crecida.

—¡El Mundelo! —gritaron, llenos de pavor. Aún desnudos, descalzos, corrieron hacia la calle del Conde Duque.

—¡El Mundelo! ¡Que vuelve el Mundelo!

Salieron las mujeres, los niños. También los campesinos.

—¡El Mundelo!

Con piedras, le esperaron, entre las cañas y los juncos. Cuando el Mundelo iba a atravesar el río, apenas puso el pie sobre la primera de las pasaderas, le llegó la voz:

—¡Fuera, Mundelo!

—¡Fuera!

Mundelo se quedó quieto. Sus ojos oblicuos y negros se quedaron fijos, como dos agujeros. Luego, avanzó el otro pie. Una piedra lanzada con furia le alcanzó en un hombro. El Mundelo cayó hacia atrás. Se levantó, mojado, limpiándose la cara con el antebrazo. Su hatillo se lo llevó el Agaro, corriente abajo. A la primera piedra siguió otra y otra. Apenas le dejaban incorporarse. Una le dio en la pierna derecha, otra en el costado. Entonces ocurrió algo extraño. El Mundelo retrocedió, con pasos como doblados, de nuevo hacia el camino. Iba de espaldas, mirando hacia los juncos, a los hombres, a las mujeres, a los niños. Y, de pronto, de aquellos ojos negros cayeron unas lágrimas redondas, brillantes a los últimos rayos del sol. Llorando, como un niño pequeño, el Mundelo cogió de nuevo el camino y se alejó.

[8] **quedo muy mal parado** = quedó muy dañado
[9] **la cosa no fue a más** = la situación no quedó peor

ANA MARÍA MATUTE

I. Preguntas

1. ¿Cómo difería el Mundelo de los demás mineros?
2. ¿Qué pasaba en la aldea todos los sábados?
3. ¿Cómo solía pasar el Mundelo los sábados en la taberna?
4. ¿Por qué temían los campesinos a los mineros?
5. ¿Dónde vivía y dormía el Mundelo?
6. Explique por qué el Mundelo se iba haciendo más sociable.
7. ¿Cuándo y cómo se supo que el Mundelo estaba enfermo?
8. Describa cómo y por qué el Mundelo atacó a Lobuno.
9. ¿Por qué le quitaron al Mundelo las esposas?
10. ¿Por qué con el desastre del tren no se escapó el Mundelo?
11. ¿Por qué indultaron al Mundelo?
12. Cuente lo qué le había pasado a Lobuno después del ataque.
13. Al volver el Mundelo, ¿cómo le recibieron los de la aldea?
14. ¿Qué perdió el Mundelo cuando le apedrearon?
15. ¿Cómo reaccionó el Mundelo al ser tratado así?

II. Enriquecimiento de vocabulario

A. *Escoja la palabra que corresponde a cada definición.*

1. Ruido producido al gritar, reírse o discutir violentamente.	delantal
2. Recipiente que sirve para echar un líquido.	esposas
3. Los alrededores de una población; el campo que rodea la ciudad.	agujero
	jarra
	costado
4. Prenda de vestir que se pone sobre la ropa para evitar que se manche.	juncos
	alboroto
	barba
5. Las partes del cuerpo entre el pecho y la espalda.	afueras
	esquina

B. *Escoja el adjetivo que corresponde como sinónimo a la palabra en cursiva en cada oración. Haga los cambios necesarios de género y número.*

1. Las intenciones de estos campesinos me parecen ser *siniestras*.	aprisionado
	tranquilo
2. Quedé *prendido* de su encanto de mujer.	podrido
	redondo
3. El espectáculo fue de una *insólita* belleza.	

4. Tendrás que mantener las manos *quietas* durante el concierto.
5. Yo estaba leyendo *ajeno* de todo lo que pasaba por fuera.

maligno
extraordinario
manso
ignorante
espeso
ululante

C. *Escoja el sustantivo que corresponde como sinónimo a la palabra en cursiva en cada oración. Haga los cambios necesarios de género y número.*

1. Hubo una *pendencia* anoche en la taberna.
2. La *conducta* de los mineros deja mucho que desear.
3. Se volvió loco debido al gran *ruido* del combate.
4. «Del dicho al hecho hay mucho *trecho*».
5. Nuestra *relación* se ha enfriado últimamente.

fragor
espacio
garganta
vagón
contienda
amistad
sudor
comportamiento
farol
ronda

D. *Exprese en español las oraciones siguientes usando los modismos que corresponden a las palabras en cursiva.*

1. He came *from afar*, searching for work.
2. *Leave* me *alone* or I'll call the police.
3. I don't think he *is trustworthy*.
4. If you say that *again*, I'll scream!
5. Can you pay me *all at once*?

volver a
a menudo
dejar en paz
ser de fiar
al atardecer
hacer caso de
de lejos
desde luego
sobre todo
de una vez

III. Ejercicios de oraciones

A. *Llene el espacio en blanco con el sustantivo apropiado.*

1. Cansado de vivir en la ciudad, se trasladó a una ____.
2. El ____ de gas ya no sirve para iluminar las calles.

sudor
farol
aldea
pared

3. El ___ que ves en mi frente se debe al esfuerzo que acabo de hacer.

4. El hijo di mi tío es mi ___.

5. Cada ___ del tren estaba destrozado.

vagón
guardia
caña
primo
pasadera
indulto

B. *Llene el espacio en blanco con el verbo apropiado conjugándolo según convenga.*

1. Cuando me vio, el campesino ___ sorpresa.
2. Todavía ella no ha ___ a nuestra cita.
3. ¡Huy! Me ___ el cuello de la camisa.
4. Te ___, María, que llegaré un poco tarde.
5. Yo te ___ la cena caliente hasta que vuelvas.

apretar
advertir
atravesar
fingir
tentar
acudir
achicar
crujir
guardar
alargar

IV. Repaso de verbos

Exprese en español las oraciones siguientes usando los verbos a la derecha.

1a. I don't usually eat this early

 b. I used to talk with her every day.

soler

2a. Don't make fun of that poor old man.

 b. She laughed at me before I could explain it to her.

burlarse de

3a. You're poking your nose into my personal affairs.

 b. I will no longer meddle in your problems.

meterse de

4a. I am beginning to distrust your intentions.

 b. Do you doubt what I'm telling you?

dudar de

5a. One doesn't become a lawyer without effort.

 b. You'll grow old waiting for her.

hacerse

V. Temas para conversación o composición

1. Describa la personalidad y la disposición del Mundelo.
2. Si yo supiera que me iba a morir pronto de una enfermedad, ...
3. Lo que podría haber pasado si el Mundelo se hubiera escapado después de la catástrofe del tren.
4. Otra conjetura: Los antecedentes del Mundelo.
5. El Mundelo desde el punto de vista de los campesinos.

ANA MARÍA MATUTE

5

JORGE LUIS BORGES

Emma Zunz

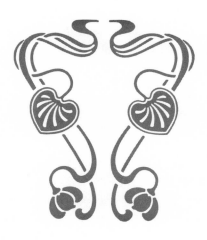

JORGE LUIS BORGES

(b. 1899)

For the many readers whose acquaintance with Borges is limited to an occasional press report or a passing reference in the classroom to his poetry and storywriting, the mere mention of his name will evoke the thought of a man who is almost totally blind, whose lifetime devotion to literature has produced several abstruse works, and who deserves but has yet to receive the Nobel Prize. The excitement of a remarkable discovery still awaits the reader for whom Borges is but one name among others on the map of twentieth-century fiction. His original talent, the provocative intelligence of his writings, and the singular delight of his erudition have made of Jorge Luis Borges a man and author to be reckoned among the greatest figures of world literature.

Yet Borges has not sought after this distinctive recognition. He is reportedly happiest when he is creating, when he painstakingly reworks every sentence to find the right word, and he receives little satisfaction from the plaudits and praise of his admirers. He avoids publicity and generally underrates his own contribution to contemporary Hispanic and world literature.

Born in the Palermo district of Buenos Aires, Borges grew up a frail, nearsighted, bookish lad, unexposed to formal schooling until he was nine. His parents expected him to be a writer and Borges spent many of his boyhood days savoring the power and beauty of the English language in his father's library, an experience he now considers to be the chief event in his life. He first read Don Quijote *in English and so marveled at the exquisite charm of the foreign tongue that when he later encountered the original, he had the impression that Cervantes must have made a clumsy translation!*

After several years of residence in Switzerland, Borges' education was interrupted by the outbreak of World War I. He became involved with the Spanish literary movement called "ultraísmo," but upon his return to Argentina in 1921, he began to cultivate his own literary pursuits, seeking to lift his work above the ordinary and to disengage his style from any prevailing school. Over the first fifteen years of his literary career, Borges published several books of poetry. However, on Christmas Eve of 1938, he suffered a severe head injury which filled his mind with the fear that he would be deprived thereafter of his poetic powers. He therefore turned to writing the kind of esoteric, ingenious, and fantastic short stories for which he is now best known.

With the coming to power in *1946* of *Juan Perón*, Borges was promptly "promoted" out of his librarian post to be an inspector of poultry and rabbits in the public market. Despite the humiliation he and his family suffered under Perón, Borges remained in Argentina, though he did not silence his criticism of the dictator, whom he considered "an abomination, a laughing stock, and coward."

After the fall of Perón, Borges was named Director of the National Library. He then applied for a professorship of English and American literature at the University of Buenos Aires, stating as his only credentials the fact that "quite unwittingly, I have been qualifying myself for this position throughout my life." Borges obtained the appointment, which he kept for ten years.

Recently Borges has made a series of visits to the United States, lecturing and teaching in such universities as Texas (*1961*), Harvard (*1967*), Oklahoma (*1969*) and Utah (*1971*). To the few American students who have been privileged to see and hear Borges recite and comment about his writings in the company of his friend and translator, Norman Thomas di Giovanni, the event would have to be counted among the most enriching experiences of their lives.

A brief selection of some personal reflexions by Borges reveal better than any second-hand tribute the nature and personality of the man:

On his blindness:
Once the outside world interfered too much. Now the world is all inside me. And I see better, for I can see all the things I dream.
On reading:
I think of reading a book as no less an experience than traveling or falling in love.
On his mission as a writer:
I have no message. I am neither a thinker nor a moralist, but simply a man of letters who turns his own perplexities and that respected system of perplexities we call philosophy into the forms of literature.
On life after 70:
What I'm out for now is peace, the enjoyment of thinking and of friendship, and, though it may be too ambitious, a sense of loving and of being loved.

This is the unique story of a young woman's plot to avenge the unjust death of her father. Its simplicity is deceptive; initially the student will be surprised to find the apparent absence of enigma in an author of reputed complexity. Yet the even, uncomplicated flow of language is more the result of Borges' pure style, for beneath the clearly perceived plot line lies an intricate web of problematic questions of a moral and legal nature to which the reader must turn if he or she intends to probe the true meaning of "Emma Zunz."

How valid, for example, is the ethical system under which Emma can impose her own sense of justice? What will be the inevitable results of a police investigation? Is there another reality beyond that of verifiable factual data? And how does Borges view the concepts of crime and punishment as they relate to Emma's private interpretation of justice?

"Emma Zunz" first appeared in the short story volume entitled El Aleph *(Buenos Aires: Editorial Losada). The first edition was published in 1949.*

Emma Zunz

EL CATORCE DE ENERO DE 1922, EMMA ZUNZ, AL VOLVER de la fábrica de tejidos Tarbuch y Loewenthal,[1] halló en el fondo del zaguán una carta, fechada en el Brasil, por la que supo que su padre había muerto. La engañaron, a primera vista, el sello y el sobre; luego, la inquietó la letra 5 desconocida. Nueve o diez líneas borroneadas querían colmar la hoja; Emma leyó que el señor Maier había ingerido por error una fuerte dosis de veronal y había fallecido el tres del corriente en el hospital de Bagé.[2] Un compañero de pensión de su padre firmaba la

---

[1] **la fábrica de tejidos Tarbuch y Loewenthal** *en esa época había en la Argentina un desarrollo muy activo, mayormente por parte de los judíos, de controlar tales industrias como las de cerveza, granos y tejidos*

[2] **Bagé** *ciudad brasileña al sur del estado de Río Grande do Sul, en la frontera del Uruguay*

noticia, un tal Fein o Fain, de Río Grande,[3] que no podía saber que se dirigía a la hija del muerto.

Emma dejó caer el papel. Su primera impresión fue de malestar en el vientre y en las rodillas; luego de ciega culpa, de irrealidad, de frío, de temor; luego, quiso ya estar en el día siguiente. Acto continuo comprendió que esa voluntad era inútil porque la muerte de su padre era lo único que había sucedido en el mundo, y seguiría sucediendo sin fin. Recogió el papel y se fue a su cuarto. Furtivamente lo guardó en un cajón, como si de algún modo ya conociera los hechos ulteriores. Ya había empezado a vislumbrarlos, tal vez; ya era la que sería.

En la creciente oscuridad, Emma lloró hasta el fin de aquel día el suicidio de Manuel Maier, que en los antiguos días felices fue Emanuel Zunz.[4] Recordó veraneos en una chacra, cerca de Gualeguay,[5] recordó (trató de recordar) a su madre, recordó la casita de Lanús que les remataron,[6] recordó los amarillos losanges de una ventana, recordó el auto de prisión, el oprobio, recordó los anónimos con el suelto sobre «el desfalco del cajero»,[7] recordó (pero eso jamás lo olvidaba) que su padre, la última noche, le había jurado que el ladrón era Loewenthal. Loewenthal, Aarón Loewenthal, antes gerente de la fábrica y ahora uno de los dueños. Emma, desde 1916, guardaba el secreto. A nadie se lo había revelado, ni siquiera a su mejor amiga, Elsa Urstein. Quizá rehuía la profana incredulidad; quizá creía que el secreto era un vínculo entre ella y el ausente. Loewenthal no sabía que ella sabía; Emma Zunz derivaba de ese hecho ínfimo un sentimiento de poder.

No durmió aquella noche, y cuando la primera luz definió el rectángulo de la ventana, ya estaba perfecto su plan. Procuró que ese día, que le pareció interminable, fuera como los otros. Había en

---

[3] **Río Grande** *otra ciudad en el estado de Río Grande do Sul*

[4] **Manuel Maier ... Emanuel Zunz** *se supone que debido a la condena del padre y la subsiguiente persecución a la familia, fue forzoso cambiar de nombre*

[5] **Gualeguay** *pueblo argentino en la provincia de Entre Ríos*

[6] **la casita de Lanús que les remataron** *referencia al hecho de que en Lanús, pueblo obrero y pobre al sur de Buenos Aires, la familia había sufrido económicamente durante la condena del padre*

[7] **los anónimos...cajero** *es decir, que habían llegado cartas anónimas con recortes de un periódico anunciando el crimen*

la fábrica rumores de huelga; Emma se declaró, como siempre, contra toda violencia. A las seis, concluído el trabajo, fue con Elsa a un club de mujeres, que tiene gimnasio y pileta. Se inscribieron; tuvo que repetir y deletrear su nombre y su apellido, tuvo que festejar las bromas vulgares que comentan la revisación.[8] Con Elsa y con la menor de las Kronfuss discutió a qué cinematógrafo irían el domingo a la tarde. Luego, se habló de novios y nadie esperó que Emma hablara. En abril cumpliría diecinueve años, pero los hombres le inspiraban, aún, un temor casi patológico... De vuelta, preparó una sopa de tapioca y unas legumbres, comió temprano, se acostó y se obligó a dormir. Así, laborioso y trivial, pasó el viernes quince, la víspera.

El sábado, la impaciencia la despertó. La impaciencia, no la inquietud, y el singular alivio de estar en aquel día, por fin. Ya no tenía que tramar y que imaginar; dentro de algunas horas alcanzaría la simplicidad de los hechos. Leyó en *La Prensa*[9] que el *Nordstjärnan*, de Malmö,[10] zarparía esa noche del dique 3; llamó por teléfono a Loewenthal, insinuó que deseaba comunicar, sin que lo supieran las otras, algo sobre la huelga y prometió pasar por el escritorio, al oscurecer. Le temblaba la voz; el temblor convenía a una delatora. Ningún otro hecho memorable ocurrió esa mañana. Emma trabajó hasta las doce y fijó con Elsa y con Perla Kronfuss los pormenores del paseo del domingo. Se acostó después de almorzar y recapituló, cerrados los ojos, el plan que había tramado. Pensó que la etapa final sería menos horrible que la primera y que le depararía, sin duda, el sabor de la victoria y de la justicia. De pronto, alarmada, se levantó y corrió al cajón de la cómoda. Lo abrió; debajo del retrato de Milton Sills, donde la había dejado la antenoche, estaba la carta de Fain. Nadie podía haberla visto; la empezó a leer y la rompió.

Referir con alguna realidad los hechos de esa tarde sería difícil y quizá improcedente. Un atributo de lo infernal es la irrealidad, un atributo que parece mitigar sus terrores y que los agrava tal vez. ¿Cómo hacer verosímil una acción en la que casi no creyó quien la

---

[8] **tuvo que festejar...revisación** = tuvo que celebrar los chistes comunes que acompañan el examen físico
[9] **La Prensa** *periódico de Buenos Aires*
[10] **Malmö** *puerto grande al sur de Suecia*

ejecutaba, cómo recuperar ese breve caos que hoy la memoria de Emma Zunz repudia y confunde? Emma vivía por Almagro, en la calle Liniers;[11] nos consta que esa tarde fue al puerto. Acaso en el infame Paseo de Julio[12] se vio multiplicada en espejos, publicada por luces y desnudada por los ojos hambrientos, pero más razonable es conjeturar que al principio erró, inadvertida, por la indiferente recova... Entró en dos o tres bares, vio la rutina o los manejos de otras mujeres. Dio al fin con hombres del *Nordstjärnan*. De uno, muy joven, temió que le inspirara alguna ternura y optó por otro, quizá más bajo que ella y grosero, para que la pureza del horror no fuera mitigada. El hombre la condujo a una puerta y después a un turbio zaguán y después a una escalera tortuosa y después a un vestíbulo (en el que había una vidriera con losanges idénticos a los de la casa en Lanús) y después a un pasillo y después a una puerta que se cerró. Los hechos graves están fuera del tiempo, ya porque en ellos el pasado inmediato queda como tronchado del porvenir, ya porque no parecen consecutivas las partes que los forman.

¿En aquel tiempo fuera del tiempo, en aquel desorden perplejo de sensaciones inconexas y atroces, pensó Emma Zunz *una sola vez* en el muerto que motivaba el sacrificio? Yo tengo para mí que pensó una vez y que en ese momento peligró su desesperado propósito. Pensó (no pudo no pensar) que su padre le había hecho a su madre la cosa horrible que a ella ahora le hacían. Lo pensó con débil asombro y se refugió, en seguida, en el vértigo. El hombre, sueco o finlandés, no hablaba español; fue una herramienta para Emma como ésta lo fue para él, pero ella sirvió para el goce y él para la justicia.

Cuando se quedó sola, Emma no abrió en seguida los ojos. En la mesa de luz estaba el dinero que había dejado el hombre: Emma se incorporó y lo rompió como antes había roto la carta. Romper dinero es una impiedad, como tirar el pan; Emma se arrepintió, apenas lo hizo. Un acto de soberbia y en aquel día... El temor se perdió en la tristeza de su cuerpo, en el asco. El asco y la tristeza la encadenaban,

---

[11] **Almagro...Liniers** *Almagro es uno de los barrios pobres de Buenos Aires; Liniers es una calle industrial*

[12] **Paseo de Julio** *calle muy animada de gente debido a la presencia del mercado, varios bares y lupanares*

pero Emma lentamente se levantó y procedió a vestirse. En el cuarto no quedaban colores vivos; el último crepúsculo se agravaba. Emma pudo salir sin que la advirtieran; en la esquina subió a un Lacroze,[13] que iba al oeste. Eligió, conforme a su plan, el asiento más delantero, para que no le vieran la cara. Quizá le confortó verificar, en el insípido trajín de las calles, que lo acaecido no había contaminado las cosas. Viajó por barrios decrecientes y opacos, viéndolos y olvidándolos en el acto, y se apeó en una de las bocacalles de Warnes.[14] Paradójicamente su fatiga venía a ser una fuerza, pues la obligaba a concentrarse en los pormenores de la aventura y le ocultaba el fondo y el fin.

Aarón Loewenthal era, para todos, un hombre serio; para sus pocos íntimos, un avaro. Vivía en los altos de la fábrica, solo. Establecido en el desmantelado arrabal, temía a los ladrones; en el patio de la fábrica había un gran perro y en el cajón de su escritorio, nadie lo ignoraba, un revólver. Había llorado con decoro, el año anterior, la inesperada muerte de su mujer —una Gauss, que le trajo una buena dote—, pero el dinero era su verdadera pasión. Con íntimo bochorno se sabía menos apto para ganarlo que para conservarlo. Era muy religioso; creía tener con el Señor un pacto secreto, que lo eximía de obrar bien, a trueque de oraciones y devociones. Calvo, corpulento, enlutado, de quevedos ahumados y barba rubia, esperaba de pie, junto a la ventana, el informe confidencial de la obrera Zunz.

La vio empujar la verja (que él había entornado a propósito) y cruzar el patio sombrío. La vio hacer un pequeño rodeo cuando el perro atado ladró. Los labios de Emma se atareaban como los de quien reza en voz baja; cansados, repetían la sentencia que el señor Loewenthal oiría antes de morir.

Las cosas no ocurrieron como había previsto Emma Zunz. Desde la madrugada anterior, ella se había soñado muchas veces, dirigiendo el firme revólver, forzando al miserable a confesar la miserable culpa y exponiendo la intrépida estratagema que permitiría a la Justicia de Dios triunfar de la justicia humana. (No por temor, sino por ser un

[13] **Lacroze** *autobús que iba al suburbio del mismo nombre*
[14] **Warnes** *barrio industrial de Buenos Aires*

JORGE LUIS BORGES

instrumento de la Justicia, ella no quería ser castigada.) Luego, un solo balazo en mitad del pecho rubricaría la suerte de Loewenthal. Pero las cosas no ocurrieron así.

Ante Aarón Loewenthal, más que la urgencia de vengar a su padre, Emma sintió la de castigar el ultraje padecido por ello. No podía no matarlo, después de esa minuciosa deshonra. Tampoco tenía tiempo que perder en teatralerías. Sentaba, tímida, pidió excusas a Loewenthal, invocó (a fuer de delatora) las obligaciones de la lealtad, pronunció algunos nombres, dio a entender otros y se cortó como si la venciera el temor. Logró que Loewenthal saliera a buscar una copa de agua. Cuando éste, incrédulo de tales aspavientos, pero indulgente, volvió del comedor, Emma ya había sacado del cajón el pesado revólver. Apretó el gatillo dos veces. El considerable cuerpo se desplomó como si los estampidos y el humo lo hubieran roto, el vaso de agua se rompió, la cara la miró con asombro y cólera, la boca de la cara la injurió en español y en ídisch. La malas palabras no cejaban; Emma tuvo que hacer fuego otra vez. En el patio, el perro encadenado rompió a ladrar, y una efusión de brusca sangre manó de los labios obscenos y manchó la barba y la ropa. Emma inició la acusación que tenía preparada («He vengado a mi padre y no me podrán castigar...»), pero no la acabó, porque el señor Loewenthal ya había muerto. No supo nunca si alcanzó a comprender.

Los ladridos tirantes le recordaron que no podía, aún, descansar. Desordenó el diván, desabrochó el saco del cadáver, le quitó los quevedos salpicados y los dejó sobre el fichero. Luego tomó el teléfono y repitió lo que tantas veces repetiría, con esas y con otras palabras: *Ha ocurrido una cosa que es increíble... El señor Loewenthal me hizo venir con el pretexto de la huelga... Abusó de mí, lo maté...*

La historia era increíble, en efecto, pero se impuso a todos, porque sustancialmente era cierta. Verdadero era el tono de Emma Zunz, verdadero el pudor, verdadero el odio. Verdadero también era el ultraje que había padecido; sólo eran falsas las circunstancias, la hora y uno o dos nombres propios.

I. Preguntas

1. ¿Cómo reaccionó Emma a la carta que recibió del Brasil?
2. Al pensar en su padre, ¿qué cosas recordó Emma Zunz?
3. ¿Qué secreto guardaba ella y por qué no se lo había revelado a nadie?
4. Describa cómo pasó Emma el viernes, quince de enero.
5. ¿Qué se sabe sobre la vida particular de Emma Zunz?
6. ¿Con qué pretexto llamó a Loewenthal?
7. ¿Qué tenía que ver el barco *Nordstjärnan* con el plan de Emma?
8. ¿Qué actitud tenía Emma hacia el sexo y por qué se permitió ese «sacrificio» con el marinero extranjero?
9. ¿Por qué rompió Emma el dinero que le había dejado el marinero?
10. ¿Qué clase de hombre era Aarón Loewenthal?
11. Explique en qué sentido no ocurrieron las cosas como lo había previsto Emma.
12. ¿Cuáles fueron los dos motivos que la persuadieron a matar a Loewenthal?
13. Describa el asesinato de Loewenthal. ¿Cómo logra Borges darnos una visión gráfica del homicidio?
14. ¿Qué arreglos y preparaciones hizo Emma inmediatamente después de matar a Loewenthal?
15. ¿Cuál fue la razón que dio Emma por haberle matado? ¿Se salió con la suya?

II. Enriquecimiento de vocabulario

A. *Escoja la palabra que corresponde a cada definición.*

1. Persona que tiene afición al dinero y que rehusa gastarlo.
2. Ofensa grave de obra o de palabra a una persona.
3. El que dirige un negocio y firma los documentos.
4. Suspensión del trabajo por parte de los obreros.
5. Cada parte de una acción o proceso que va avanzando.

ultraje
zaguán
huelga
víspera
avaro
bochorno
etapa
vínculo
gerente
delator

B. *Escoja el adjetivo que corresponde como sinónimo a la palabra en cursiva en cada oración. Haga los cambios necesarios de género y número.*

1. Mi paraguas ha quedado *inútil*.
2. Se quedó *perpleja* antes de decirme que sí.
3. Es una persona tan *intrépida* que no se detiene ante ningún peligro.
4. El gerente me dio una respuesta *improcedente*.
5. Eso que acabamos de sufrir es un examen muy *corriente*.

insípido
atrevido
común
furtivo
confuso
suelto
inservible
creciente
impertinente
enlutado

C. *Escoja el sustantivo que corresponde como sinónimo a la palabra en cursiva en cada oración. Haga los cambios necesarios de género y número.*

1. ¿Hay algún *vínculo* de sangre entre ustedes?
2. ¡Qué vergüenza! Es una falta de *pudor* ponerse ese vestido.
3. Su mirada de *cólera* nos indicaba una creciente irritación.
4. Hasta ahora no hemos podido discutir los *pormenores* del proyecto.
5. El *oprobio* que siguió a la denuncia nos remató.

alivio
modestia
rodilla
detalle
balazo
deshonra
relación
lealtad
furia
fichero

D. *Exprese en español las oraciones siguientes usando los modismos que corresponden a las palabras en cursiva.*

1. I *dropped* the envelope on the floor.
2. *Just in case*, I'll call the police.
3. *Do you mean* that I tried to deceive you?
4. He did it *on purpose* and didn't tell anyone.
5. *On returning*, we visited several museums in the city.

dar a entender
a propósito
por si acaso
como quien dice
de vuelta
dejar caer
a fuer de
acto continuo
hacer falta

III. Ejercicios de oraciones

A. *Llene el espacio en blanco con el sustantivo apropiado.*

1. Muchos ____ circulaban sobre la posibilidad de declararnos en huelga.
2. Una mujer española, al casarse, conserva su propio ____.
3. En la ____ de su boda, el novio huyó aterrorizado.
4. Tienes que preocuparte más de tu ____.
5. Me da ____ pasar por ese sitio tan sucio.

víspera
retratos
vidriera
porvenir
asco
pileta
rumores
herramientas
apellido
veraneos

B. *Llene el espacio en blanco con el verbo apropiado conjugándolo según convenga.*

1. Mis amigos me ____ mucho durante mi estancia aquí.
2. Si no me hubieras ____, yo no me habría caído.
3. El perro ____ tanto que no podemos dormir.
4. Es posible que esta coincidencia te ____ la ocasión de conocerla.
5. El dueño de la fábrica ____ anoche de una pulmonía.

ladrar
deletrear
deparar
zarpar
festejar
rezar
empujar
acaecer
fallecer
abrochar

IV. Repaso de verbos

Exprese en español las oraciones siguientes usando los verbos a la derecha.

1a. I'm truly sorry to have treated you so badly.
 b. Did you repent of your infamous conduct?

arrepentirse de

2a. You have chosen the most difficult way.
 b. We chose to keep silent.

optar por

3a. I found her studying with her friends in the library.
 b. I fear you will not find that solution on time.

dar con

4a. Have you enrolled officially in this class?
 b. I do not intend to register until the last day.

inscribirse

5a. You are taking undue advantage of my time   *abusar de*
   and patience.
 b. Don't abuse the privileges we have granted
   you.

V. Temas para conversación o composición

1. Algunas indagaciones en cuanto al pasado:
    a. Lo que tuvo que haber hecho Loewenthal para haber llegado
       a su puesto en la fábrica.
    b. Cómo debía haber sido la vida de Emma Zunz antes del suicidio
       de su padre.
2. Otras indagaciones en cuanto al significado de la venganza de
   Emma:
    a. Dentro de los límites del sistema moral establecido por Emma,
       ¿es culpable o no? Explique.
    b. Según el cuento, ¿es caprichoso el concepto social de la justicia?
       Explique.
3. El efecto del odio en la personalidad humana.
4. Si usted hubiera sido un detective asignado al caso de la muerte de
   Loewenthal, ¿cómo habría podido prender a Emma?
5. Si usted fuera un abogado asignado a defender a Emma, ¿cómo
   procedería para probar su inocencia?

6

"AZORÍN"

El tesoro deshecho

JOSÉ MARTÍNEZ RUIZ ("AZORÍN")

(1873–1967)

Azorín lived most of his ninety-four years in a state of rigorous intro-version. The companions of his youth remembered him as a cold, distant, embittered nonconformist whose voluble nature alienated many who sought out his company. The friends of his mature years attested to the impenetrable defensive wall he raised to veil his natural reticence and to his preference for solitude and intellectual contemplation over the conviviality of social gatherings. The close associates of his declining years recall his vague melancholy and the reserved introspection of his musings. To the end he was a man given to introversion, gentle remembrances, and aesthetic aspirations.

The disdain and pessimism of Azorín's early years gave way to a moderate restlessness tinged with light humor and irony, which in turn evolved into a com-passionate understanding of the human experience. Yet his unalterable reserve accompanied the man throughout all the varying stages of his life. He was a dreamer, a keen observer of the world about him, a sensitive artist, perhaps the most in-fluential writer of twentieth-century Spain.

At the age of twenty-three Azorín had already published six books. By 1950 he was recognized as one of Spain's most prolific and most exquisite prose writers. He died as the last survivor of the so-called "Generation of 1898," a name he himself had coined to designate that group of intellectuals who shared a common analytical concern for Spain's regeneration in the wake of the Spanish-American War. During his long lifetime, he wrote fourteen novels, an equal number of plays, many volumes of essays, and, by his own calculation, over four hundred short stories.

Many of Azorín's short stories are still scattered among diverse journals and newspapers spanning a period of more than fifty years. While similar in their measured simplicity to his essays and novels, Azorín's short stories differ significantly by their departure from an objective analysis of reality; indeed, they are personal, often highly subjective interpretations of the towns, the landscape, the people, and the legends of Spain, particularly of Old Castile. They contain a preponderance of description and lyricism and are often devoid of plot and action. Their impressionistic design and strong emotive force have contributed to forge Azorín's enduring reputation as a prose writer of serene yet precise poetic expression, as a man whose love for language has transformed small, simple, vulgar objects of everyday life into symbols of transcendental importance.

Azorín was the kind of man who would stand on a busy corner of downtown Madrid and ignore the noise and confusion about him, yet be transfixed over the faint, sibilant hiss of a tiny escape of gas in the lamp on the corner. And his writings tended to immortalize such moments. He was the kind of man who would pause at the door of his home, oblivious to the presence of his guests, and study with fascination the slow journey of a beetle or a line of ants along the crack between the tiles and the side wall of his vestibule. And in his tales, essays, and novels he devoted lengthy passages to capture such vital experiences.

His style is terse, clear, precise, and so exquisitely polished that his writings convey the impression of something fashioned out of a moment of fresh spontaneity. Yet each short sentence, conceived to permit the power of language to convey subtle, essential impressions from the experience of daily life, is the result of a strenuous creative effort. Most of Azorín's writings were composed from two o'clock in the morning until dawn, when solitude and silence could best inspire his mind in the creative exercise.

Minute details, thoughts, emotions, mystery, and symbolism—these are the elements that constitute the essence behind Azorín's expression. Whatever literary vehicle he chose in which to record the sensations of his spirit, Azorín excelled in subordinating external reality to an atmosphere of emotive vigor. And as a result of his labor, the world of letters has been greatly enriched.

"El tesoro deshecho" combines those elements of exquisite prose writing that have become hallmarks of Azorín's inimitable style. A calm poetic tone pervades the narration, providing a sense of precision and restraint while at the same time creating an effect of somber foreboding. This tempered, lyrical quality serves to control the gradual shift from a relaxed and genial atmosphere in the first part of the story to a disquieting pathos mingled with terror in the latter part.

Azorín is a master of the art of transmitting feelings and impressions more through word imagery and description than use of direct action. Note his careful choice and grouping of adjectives and nouns, the low-key repetition of many select words to enhance the notion of quiescence, and the sudden change in pace, with shorter sentences and vivid modifiers, to accompany Don Dámaso's electrifying discovery.

El tesoro deshecho

—¿De qué tesoro habla usted, don Dámaso?
—Del tesoro de mi tranquilidad.
—¿Presente?
—No; la pasada.

El tesoro de la tranquilidad, de la dulzura, del sosiego espiritual ⁵ de don Dámaso, en lo pasado, durante veinte años, era indestructible. Durante veinte años había vivido don Dámaso en esta casa. Y seguía viviendo. La casa, en Nebreda,[1] la vieja ciudad, era antigua, sólida, noble; tenía balcones de forja y un ancho escudo sobre la puerta. Los aleros del tejado, en la fachada principal, eran saledizos, y los ¹⁰ extremos de las vigas estaban esculpidos. Don Dámaso, cuando niño, era de una sensibilidad extremada. No podía ver matar, en la cocina, un pollo o unos pichones; se ponía pálido, intensamente

---

[1] **Nebreda** *pueblo en la provincia de Burgos, al norte de España*

pálido, y se desmayaba. No había otro niño en la casa; los padres disponían de una holgada fortuna. Cuando Dámaso fue mayor le sacaron de la ciudad; le llevaron a Madrid; hicieron que aprendiera idiomas, y le acompañaron a un largo viaje por el extranjero.

5 —Cuando se tienen cincuenta años—decía él, aludiendo a la muerte—, cada año que pasa es un nuevo cero en la ruleta de la vida. Ya tengo cincuenta y tres años; juego, por tanto, a una ruleta con tres ceros.

Y el caballero, bondadosamente, sonreía. No tenía ambiciones; 10 sentía un dulce, inefable desconsuelo del mundo, un desconsuelo que él no podía explicarse. Los inviernos los pasaba en Madrid; durante la primavera hacía algún viaje por Francia, Inglaterra o Italia. En el verano vivía en su casa de Nebreda. La casa tenía, detrás, un amplio jardín. A este jardín venían todos los días, a las tres de la 15 tarde, cuatro o seis amigos del caballero. Y entre los árboles, amparados en la grata y fresca sombra, tomaban lentamente, a sorbitos gustosos, el rico, espeso, negro, aromático café con que los regalaba don Dámaso, y veían, perezosamente, ascender por el aire, en azuladas volutas, el humo de los magníficos vegueros con que 20 también, generoso, desprendido, los obsequiaba el amable escéptico.

*   *   *

Y hablaban de todo. Todos eran discretos, corteses. Hablaban— los años habían puesto nieve en las cabezas de casi todos ellos—, hablaban, principalmente, del tiempo pasado.

—Yo estimo—decía uno—que lo más grato es haber tenido 25 muchas aventuras en la vida, haber vivido una vida accidentada,[2] azarosa, y después, paladear, en la vejez, en una vejez serena, el recuerdo de todos esos lances.

—Yo creo lo mismo—añadía otro—. Quien no ha tenido algo en la vida, alguna aventura, algún episodio, no puede, en la vejez, 30 disponer de un escalón ideal en que apoyar sus recuerdos.

—Don Dámaso—agregaba un tercero—ha tenido una vida un poco agitada...

[2] **una vida accidentada** = una vida agitada

—¿Quién? ¿Yo?—interrumpía el caballero—. Mi vida ha sido plácida, dulce; he leído los libros que me han agradado; he visitado los países por los cuales he sentido curiosidad, y…

—¿Y qué?—exclamaban en coro los amigos—. ¿Y qué, don Dámaso? Siga usted, siga usted; no se detenga. ¿Aventuras de amor? ¿Lances de buena fortuna?

—Señores—decía don Dámaso, sonriendo—. Señores, nada de grandes aventuras. Un paladeo discreto, dulce, y nada más.

—Y eso basta para endulzar toda una vida—comentaba uno de los contertulios.

—¡Ya lo creo!—corroboraba otro.

—Lo que pasa—añadía, un poco sentencioso, don Dámaso—, lo que pasa es que, suceda lo que suceda,[3] a mí nadie puede quitarme ya la dulzura, la suavidad, la sensación sosegada, exquisita, de las horas que durante veinte años he pasado en esta casa.

Hasta los treinta años, la vida del caballero había sido un poco tumultuosa; tumultuosa—si no suena a paradoja—con discreción y mesura. El dinero allanaba todas las dificultades; el dinero lo facilitaba todo. Don Dámaso había gozado discretamente de la vida, y luego, sosegado ya, amansadas las pasiones, se había retirado a Nebreda, y durante veinte años, día por día, hora por hora, había vivido en una perfecta, absoluta, maravillosa ataraxia.[4] Y estos años, estos días, estas horas de placidez suprema, y no las discretas turbulencias de antes, eran lo que constituía el hechizo, el encanto de la vida del caballero. Esos veinte años de paz dulcísima eran el tesoro de don Dámaso.

* * *

Desde su alcoba, por la mañana, él atisbaba el cielo azul y la cresta del arbolado verde del huerto. Desde su alcoba, por las mañanas, indolentemente, veía pasar, con lentitud—cuando pasaban—, las nubes blancas por el cielo. Leía a ratos en su cuarto; meditaba; volvía a leer. Y su sensibilidad fina, delicadísima, casi morbosa, gozaba con el recuerdo, con la evocación suave de las horas pasadas, durante veinte años, en esta bella casa.

[3] **suceda lo que suceda** = no importa lo que pase
[4] **ataraxia** = tranquilidad emocional

—¿Quién podrá destruir este tesoro de tranquilidad pasada?

Se hablaba de desgracias, dramas y tragedias ocurridos a conocidos y amigos. Se lamentaba el lance infeliz ocurrido a un hombre bondadoso en la ciudad. Todos coincidían, naturalmente, en que, de pronto, una vida dichosa, ecuánime, puede verse interrumpida, turbada, por el infortunio. Pero el pasado, ¿cómo podrá ser destruido? El pasado es intangible, indestructible.

—A mí podría ocurrirme ahora una desgracia (nadie está libre de ello)—decía don Dámaso—; pero siempre me quedará el placer de saborear el pasado, el gusto del recuerdo, el don de gustar, evocándolos, esos días tranquilos que durante veinte años he pisado en esta casa.

Y todos aprobaban. Es evidente; los lectores lo comprenderán también. En nuestra vida, si tenemos la dicha de gozarla tranquila, aunque no sea tan tranquila—es difícil—como la de don Dámaso; en nuestra vida puede surgir un accidente desgraciado que la envenene y acibare. Pero ¿y el pasado? ¿De qué manera podrá ser acibarado y enturbiado un pretérito que ha sido sosegado y dulce? Sí; era verdad. Don Dámaso tenía razón. Y él gozaba, sí, gozaba profundamente, no con vivir ahora los días dulces, sino con evocar las horas, los minutos que, a lo largo de los veinte años, había pasado en esta alcoba de la vieja y noble casa; en esta alcoba desde la que se veían pasar lentas, pausadas, las nubes blancas por el cielo. Y en esa visión de las nubes desde la alcoba, tendido en la cama, en tanto meditaba en los problemas del mundo y de la vida, en esa visión cifraba don Dámaso toda la felicidad de su existencia.

*　　*　　*

El pasado era indestructible. ¡Que le quitaran al noble y fino caballero la suavidad de esas horas exquisitas de meditación en su alcoba! El pasado era indestructible. No había en el mundo fuerza humana capaz de acibarar un pasado. Y un día, don Dámaso quiso modernizar un poco la casa. El cuarto de baño no estaba en la propia y vieja casa, sino en una galería que daba al huerto. Don Dámaso quiso que el cuarto de baño estuviese cercano a su alcoba. Los albañiles comenzaron a trabajar. Había que abrir brechas en los muros para colocar unas cañerías. Sonaron los picos, que emprendían su obra en la pared del fondo de la famosa alcoba. Don Dámaso, todos los días, asistía curioso a la obra de los alarifes. Departía con ellos bondadosamente. Los picos cavaban en la pared de la alcoba. La cama en que dormía don Dámaso había sido llevada a otra estancia. De pronto, uno de los picos se quedó clavado en la pared; se hacía dificultoso el separarlo. Volvió el albañil a clavarlo, y notó que en el muro, detrás del muro, había un hueco. Sí, había un hueco. ¿Qué sería aquello? Don Dámaso asistía curioso al descubrimiento. El hueco que se descubría era alto y estrecho… El albañil, una de las veces en que metió su piqueta en el hueco, dio un grito. Resonaron en la estancia exclamaciones de todos. Lo que se descubría era nada menos que un esqueleto; un esqueleto encogido, acurrucado, doblado casi sobre las piernas. ¡Terrible era el descubrimiento! El esqueleto de una mujer—de una mujer, a juzgar por las ropas— aparecía, acomodado en aquel nicho, a los ojos atónitos, asombrados, aterrorizados, de todos. Indudablemente, se trataba de un emparedamiento.[5] El hecho databa de hacía mucho tiempo, de hacía un siglo, siglo y medio o dos siglos. Los pedazos de ropa encontrados lo hacían suponer.

*　　*　　*

Y pasado el primer momento de estupor, el caballero comenzó a meditar. Aquella mujer, hacía dos siglos, había sido emparedada allí. Un día, el padre Ravignan, ilustre jesuita, distinguidísimo abogado antes, fue llamado a medianoche en París. Dos desconocidos deseaban que el piadoso clérigo auxiliase a un moribundo; apenas en la calle el padre Ravignan, los dos desconocidos le agarrotaron y le taparon los ojos con una venda. Una hora estuvo el coche dando vueltas por París. Después, el jesuita y sus acompañantes ascendieron por una escalera. Cuando le quitaron la venda a Ravignan, éste se vio enfrente de un nicho a medio tapiar. Asomaba por lo alto una cabeza. El jesuita confesó a la persona emparedada. Y al terminar la confesión, dos albañiles acabaron de cerrar el nicho por arriba. No pasó más; nunca el padre Ravignan pudo dar razón del sitio a que fuera, en aquella noche trágica, conducido.

[5] **se trataba de un emparedamiento** *es decir, que una persona había sido encerrada entre dos paredes*

Don Dámaso recordaba este caso de emparedamiento. Su cuerpo todo, con una sacudida nerviosa, se estremecía al pensar en esta mujer emparedada en la noble y vieja casa. No podía pensar serenamente en el caso. Sufría, se angustiaba al pensar. Acurrucada, encogida, aquella mujer encerrada allí viva parecía experimentar todavía el horror inmenso de tal muerte. Los dedos de sus manos estaban crispados. La cabeza aparecía inclinada, con las mandíbulas abiertas. Y precisamente la cabecera de la cama de don Dámaso se hallaba junto al lugar, en el muro, en que reposaba la cabeza de la emparedada. Un breve espacio separaba el cráneo de don Dámaso, acostado en la cama, viendo pasar plácidamente las nubes por el azul, y el cráneo horrendo, con mueca horrenda, de la trágica mujer. Durante veinte años, día por día, el caballero había reclinado su cabeza al lado de la otra cabeza; meditaba dulcemente don Dámaso, se regodeaba en una dulce voluptuosidad espiritual, y la mueca trágica, con angustia suprema, de aquella calavera, estaba junto a él; la mujer enterrada de vida, a través de un poco de canto y cal, le contemplaba.

*   *   *

Y huyó la dulzura del pasado. El tesoro estaba deshecho. Ya no era posible evocar con voluptuosidad aquellas horas, aquellos minutos dulces, inefables, pasados allí durante veinte años. El pasado podía ser destruido. Y don Dámaso, morador ahora en otra estancia, se estremecía todo nerviosamente, angustiosamente, cuando por acaso penetraba en la alcoba donde tantos y tantos minutos dulces había pasado... junto al esqueleto contraído en trágico encogimiento.

I. Preguntas

1. ¿A qué se debe el sosiego espiritual de don Dámaso?
2. ¿Cómo califica don Dámaso las turbulencias de su juventud?
3. ¿Cómo era la casa en Nebreda?

4. Describa el efecto que la casa en Nebreda ha tenido sobre don Dámaso durante veinte años.
5. ¿En qué manera pasaban las tardes los amigos de don Dámaso?
6. ¿Cuál era la opinión que sostenía don Dámaso sobre el pasado?
7. Compare la actitud de don Dámaso relativo al tiempo presente con sus ideas sobre el pasado.
8. ¿Qué quiso hacer don Dámaso para modernizar la casa?
9. ¿Para qué tuvieron los albañiles que abrir brechas en los muros?
10. ¿Por qué asistía don Dámaso a la labor de los obreros?
11. ¿Qué se descubrió en el hueco del muro?
12. Describa lo ocurrido con la emparedada y su confesor.
13. ¿Cómo se sabe que la muerte de aquella mujer se había efectuado de una forma horrorífica?
14. Explique cómo se deshizo el tesoro de don Dámaso.
15. Describa el estado de ánimo de don Dámaso después de lo ocurrido.

II. Enriquecimiento de vocabulario

A. *Escoja la palabra que corresponde a cada definición.*

1. Estado de tranquilidad y serenidad.
2. Habitación destinada a dormir.
3. Obrero que se dedica a levantar muros usando ladrillos o piedras.
4. El lado de la cama donde se colocan las almohadas.
5. Contorsión del rostro, como de burla, de disgusto o de asco.

cabecera
sorbo
alcoba
mueca
sosiego
escudo
paladeo
albañil
hueco
venda

B. *Escoja el adjetivo que corresponde como sinónimo a la palabra en cursiva en cada oración. Haga los cambios necesarios de género y número.*

1. No me es *agradable* la presencia de tu hermano.
2. Me gustaría que ustedes fueran un poco más *devotos*.
3. Me quedé *atónito*, sin poder comprender lo que pasaba.

espeso
asombrado
piadoso
inefable
grato
discreto
encogido

4. Estaban tan *turbados* que no pudieron responder.

5. No sé como puedes mantener esa actitud *ecuánime.*

sereno
desconcertado
morboso

C. *Escoja el sustantivo que corresponde como sinónimo a la palabra en cursiva en cada oración. Haga los cambios necesarios de género y número.*

1. El *encanto* de esa muchacha es irresistible.
2. El descubrimiento convirtió nuestra *dicha* en tristeza.
3. Todavía siguen comentando el *suceso* de ayer.
4. En la *desgracia* se conoce a los amigos.
5. A pesar de su indignación, me hablaba con *mesura.*

sacudida
ocurrencia
felicidad
calavera
huerto
infortunio
cortesía
cañería
hechizo
pedazo

D. *Exprese en español las oraciones siguientes usando los modismos que corresponden a las palabras en cursiva.*

1. I have decided to do it; *therefore,* you do not need to come.
2. I'll bring my coat, *just in case* it rains.
3. Let's *take a stroll* through the park.
4. She was seated *in front of* me.
5. *Along* the avenue there are large beautiful trees.

dar una vuelta
en tanto
a lo largo de
por supuesto
enfrente de
detrás de
por si acaso
a través de
por lo tanto
en todo caso

III. Ejercicios de oraciones

A. *Llene el espacio en blanco con el sustantivo apropiado.*

1. El chocolate estaba tan caliente que lo tomamos a ___.
2. La construcción está hecha muy sólida de cal y ___ .
3. Cuando se le caiga la ___ de los ojos, sabrá la verdad.
4. El ___ de aquella fábrica está ensuciando el aire.
5. La niña se asomó por las rejas del ___.

calavera
venda
balcón
moribundo
canto
pollos
sorbos
escalera
humo
clérigo

B. *Llene el espacio en blanco con el verbo apropiado conjugándolo según convenga.*

1. Hay que _____ una posdata a esta carta.
2. No tengo quien me _____ en esta decisión.
3. Cuando _____ el reloj de la catedral, serán las once.
4. La idea _____ en mi cabeza al verte entrar.
5. Todavía no han _____ la obra por falta de dinero.

sonar
surgir
apoyar
bastar
endulzar
añadir
aludir
departir
emprender
evocar

IV. Repaso de verbos

Exprese en español las oraciones siguientes usando los verbos a la derecha.

1a. My window overlooks the garden.
  b. Is your bedroom the one which faces the patio?

dar a

2a. I was thinking a lot about you.
  b. Have you thought about those pleasant moments we shared together?

pensar en

3a. It was simply a question of money.
  b. What is the movie about?

tratarse de

4a. I hope you'll enjoy the weather during your short visit.
  b. Since the catastrophe he has not enjoyed good health.

gozar de

5a. Were you present at last evening's concert?
  b. I cannot attend class tomorrow.

asistir a

V. Temas para conversación o composición

1. A mí me parece que lo más grato en la vida es ...
2. ¿Cómo se supone que don Dámaso pudo llevar una vida tumultuosa, pero con discreción y mesura?
3. ¿Por qué supone usted que emparedaron viva a la mujer?
4. Una desgracia o tragedia ocurrida a un conocido o a un amigo.
5. La evocación de algo que ya ha sido destruido por el tiempo y las circunstancias.

7

RAMÓN SENDER

El buitre

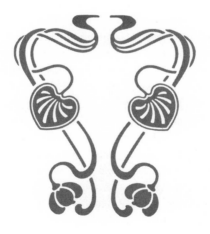

RAMÓN J. SENDER

(b. 1902)

Rámon Sender, who has lived in the United States in self-imposed exile for over thirty years, is the most widely translated novelist of Spain today and reportedly has more readers throughout the world than any other Spanish writer. This is a singular accomplishment for a man whose importance was virtually ignored by the major literary critics of Spain for almost twenty years after the Spanish Civil War, despite his having published many significant works during that time. The reluctance of professional critics to recognize in Sender a writer of unquestionable literary prominence has now run its course. Time and the novelist's own pen have vindicated Pío Baroja's affirmation to the Argentine press in 1933—when Sender was only thirty years of age—that among the young Spanish writers of that time there was only one poet of merit: Federico García Lorca. And one novelist: Ramón Sender. The novelist's good friend and critic, Marcelino Peñuelas, asserted recently that even Baroja's magnificent novels "turn pale next to those of Sender." Books by Sender which only a few years ago, like those of Hemingway, were prohibited in Spain, are now prominent best-sellers.

The many generous tributes now accorded Sender's works in no way parallel the judgments which Sender himself has passed on several well-known and controversial personalities and writings of his generation. Sender's aversion for Unamuno, for instance, reaches iconoclastic proportions as he flaunts the old patriarch's insufferable vanity and labels most of his life's work frivolous. It is this kind of personal vendetta against one of the hallowed "archetypes" of Spanish literature which points to Sender's unsuppressed individuality. He is an independent, proud man, unwilling to *concede one iota of personal freedom to the restraining forces of social convention. His strong sense of individualism impedes his being pigeonholed into any specific social class or political party. Nor do his writings allow critics the satisfaction of classifying his nearly forty novels with those convenient tags that denote member-ship in a particular literary school or artistic movement. Sender stands alone as a unique personality and a novelist unequaled in the contemporary currents of Spanish letters.*

Since 1930, when his first novel, Imán, appeared, Sender has evinced in all of his writings a dispute with what he has considered to be the artificial literary norms of his day. Form has little or no importance for Sender; the essential matter is the work's content: the moral, metaphysical, and philosophical questions it raises. His language is suggestive, often poetic, yet concise and colloquial in its narrative simplicity. His central concern is the authentic struggle of individuals to find their places in society. To this end, the author probes constantly to search for an essential understanding to the problems that lie behind the human experience.

Sender's prolific contribution to the modern novel includes many books teeming with autobiographical elements. A number of his publications deal with historical subjects; several treat the Spanish Civil War; still others, such as La esfera, are ambitious philosophical writings. In all, Sender's colorful and diversified repertory contains, as Charles L. King has observed, a "strange fusion of realism and magic mystery..., of the visible and the invisible worlds, of the rational and the irrational, the conscious and the unconscious."

The setting of this story is the American Southwest, and the point of view is that of a familiar predator of that region. We have here clear evidence of Sender's skillful control of language as he focuses on the movements, feelings, and perceptions of the rapacious vulture. Note how he coordinates the physical description of the soaring bird with that of the landscape and objects below, melding our sense of the passing of time and the vastness of space on the desert with the distant sounds of war, the ever-present heat of the sun, the colors, tones, and hues of living things, and the smell of death. All of our senses are invited to perform in synthesis the function of conveying to the mind a unified artistic vision.

"El buitre" is part of the collection of novellas and short stories entitled Novelas ejemplares de Cíbola, *published in 1966 by Las Américas Publishing Company, New York.*

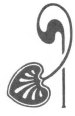

El buitre

Volaba entre las dos rompientes y le habría gustado ganar altura y sentir el sol en las alas, pero era más cómodo dejarse resbalar sobre la brisa.

Iba saliendo poco a poco al valle, allí donde la montaña disminuía hasta convertirse en una serie de pequeñas colinas. 5
El buitre veía abajo llanos grises y laderas verdes.

—Tengo hambre —se dijo.

La noche anterior había oído tiros. Unos aislados y otros juntos y en racimo. Cuando se oían disparos por la noche las sombras parecían decirle: «Alégrate, que mañana encontrarás carne muerta». 10
Además por la noche se trataba de caza mayor.[1] Animales grandes: un lobo o un oso y tal vez un hombre. Encontrar un hombre muerto era inusual y glorioso. Hacía años que no había comido carne humana, pero no olvidaba el sabor.

---

[1] **se trataba de caza mayor** = se cazaban animales grandes

Si hallaba un hombre muerto era siempre cerca de un camino y el buitre odiaba los caminos. Además no era fácil acercarse a un hombre muerto porque siempre había otros cerca, vigilando.

Oyó volar a un esparver sobre su cabeza. El buitre torció el cuello para mirarlo y golpeó el aire rítmicamente con sus alas para ganar velocidad y alejarse. Sus alas proyectaban una ancha sombra contra la ladera del monte.

—Cuello pelado —dijo el esparver—. Estás espantándome la caza. La sombra de tus alas pasa y repasa sobre la colina.

No contestaba el buitre porque comenzaba a sentirse viejo y la autoridad entre las grandes aves se logra mejor con el silencio. El buitre sentía la vejez en su estómago vacío que comenzaba a oler a la carne muerta devorada muchos años antes.

Voló en círculo para orientarse y por fin se lanzó como una flecha fuera del valle donde cazaba el esparver. Voló largamente en la misma dirección. Era la hora primera de la mañana y por el lejano horizonte había ruido de tormenta, a pesar de estar el cielo despejado.

—El hombre hace la guerra al hombre —se dijo.

Recelaba del animal humano que anda en dos patas y tiene el rayo en la mano y lo dispara cuando quiere. Del hombre que lleva a veces el fuego en la punta de los dedos y lo come. Lo que no comprendía era que siendo tan poderoso el hombre anduviera siempre en grupo. Las fieras suelen despreciar a los animales que van en rebaño.

Iba el buitre en la dirección del cañoneo lejano. A veces abría el pico y el viento de la velocidad hacía vibrar su lengua y producía extraños zumbidos en su cabeza. A pesar del hambre estaba contento y trató de cantar:

> *Los duendes que vivían en aquel cuerpo*
> *estaban fríos, pero dormían*
> *y no se querían marchar.*
> *Yo los tragué*
> *y las plumas del cuello se me cayeron.*
> *¿Por qué los tragué si estaban fríos?*
> *Ah, es la ley de mis mayores.*

Rebasó lentamente una montaña y avanzó sobre otro valle, pero la tierra estaba tan seca que cuando vio el pequeño arroyo en el fondo del barranco se extrañó. Aquel valle debía estar muerto y acabado. Sin embargo, el arroyo vivía.

En un rincón del valle había algunos cuadros que parecían verdes, pero cuando el sol los alcanzaba se veía que eran grises también y color ceniza. Examinaba el buitre una por una las sombras de las depresiones, de los arbustos, de los árboles. Olfateaba el aire, también, aunque sabía que a aquella altura no percibiría los olores. Es decir, sólo llegaba el olor del humo lejano. No quería batir sus alas y esperó que una corriente contraria llegara y lo levantara un poco. Siguió resbalando en el aire haciendo un ancho círculo. Vio dos pequeñas cabañas. De las chimeneas no salía humo. Cuando en el horizonte hay cañones las chimeneas de las casas campesinas no echan humo.

Las puertas estaban cerradas. En una de ellas, en la del corral, había una ave de rapiña clavada por el pecho. Clavada en la puerta con un largo clavo que le pasaba entre las costillas. El buitre comprobó que era un esparver. Los compesinos hacen eso para escarmentar a las aves de presa y alejarlas de sus gallineros. Aunque el buitre odiaba a los esparveres, no se alegró de aquel espectáculo. Los esparveres cazan aves vivas y están en su derecho.

Aquel valle estaba limpio. Nada había, ni un triste lagarto muerto. Vio correr un *chipmunk* siempre apresurado y olvidando siempre la causa de su prisa. El buitre no cazaba, no mataba. Aquel *chipmunk* ridículamente excitado sería una buena presa para el esparver cuando lo viera.

Quería volar al siguiente valle, pero sin necesidad de remontarse y buscaba en la cortina de roca, alguna abertura por donde pasar. A aquella hora del día siempre estaba cansado, pero la esperanza de hallar comida le daba energías. Era viejo. Temía que le sucediera como a otro buitre, que en su vejez se estrelló un día contra una barrera de rocas.

Halló por fin la brecha en la montaña y se lanzó por ella batiendo las alas:

—Ahora, ahora …

Se dijo: «No soy tan viejo». Para probárselo combó el ala derecha y resbaló sobre la izquierda sin miedo a las altas rocas cimeras. Le habría gustado que le viera el esparver. Y trató de cantar:

La luna tiene un cuchillo
para hacer a los muertos
una cruz en la frente.
Por el día lo esconde
en el fondo de las lagunas azules.

La brecha daba acceso a otro valle que parecía más hondo. Aunque el buitre no se había remontado, se sentía más alto sobre la tierra. Era agradable porque podía ir a cualquier lugar de aquel valle sin más que resbalar un poco sobre su ala. En aquel valle se oía mejor el ruido de los cañones.

También se veía una casa y lo mismo que las anteriores tenía el hogar apagado y la chimenea sin humo. Las nubes del horizonte eran color de plomo, pero en lo alto se doraban con el sol. El buitre descendió un poco. Le gustaba la soledad y el silencio del valle. En el cielo no había ningún otro pájaro. Todos huían cuando se oía el cañón, todos menos los buitres. Y veía su propia sombra pasando y volviendo a pasar sobre la ladera.

Con la brisa llegó un olor que el buitre reconocía entre mil. Un olor dulce y acre:

—El hombre.

Allí estaba el hombre. Veía el buitre un hombre inmóvil, caído en la tierra, con los brazos abiertos, una pierna estirada y otra encogida. Se dejó caer verticalmente, pero mucho antes de llegar al suelo volvió a abrir las alas y se quedó flotando en el aire. El buitre tenía miedo.

—¿Qué haces ahí?

Lo observaba, miraba su vientre, su rostro, sus manos y no se decidía a bajar.

—Tú, el rey de los animales, que matas a tu hermano e incendias el bosque, tú el invencible. ¿Estás de veras muerto?

Contestaba el valle con el silencio. La brisa producía un rumor metálico en las aristas del pico entreabierto. Del horizonte llegaba el fragor de los cañones. El buitre comenzó a aletear y a subir en el aire, esta vez sin fatiga. Se puso a volar en un ancho círculo alrededor del cuerpo del hombre. El olor le advertía que aquel cuerpo estaba muerto, pero era tan difícil encontrar un hombre en aquellas condiciones de vencimiento y derrota, que no acababa de creerlo.[2]

Subió más alto, vigilando las distancias. Nadie. No había nadie en todo el valle. Y la tierra parecía también gris y muerta como el hombre. Algunos árboles desmochados y sin hojas mostraban sus ramas quebradas. El valle parecía no haber sido nunca habitado. Había un barranco, pero en el fondo no se veía arroyo alguno.

—Nadie.

Con los ojos en el hombre caído volvió a bajar. Mucho antes de llegar a tierra se contuvo. No había que fiarse de aquella mano amarilla y quieta. El buitre seguía mirando al muerto:

—Hombre caído, conozco tu verdad que es una mentira inmensa. Levántate, dime si estás vivo o no. Muévete y yo me iré de aquí y buscaré otro valle.

El buitre pensaba: «No hay un animal que crea en el hombre. Nadie puede decir si el palo que el hombre lleva en la mano es para apoyarse en él o para disparar el rayo. Podría ser que aquel hombre estuviera muerto. Podría ser que no.»

Cada vuelta alrededor se hacía un poco más cerrada. A aquella distancia el hedor —la fragancia— era irresistible. Bajó un poco más. El cuerpo del hombre seguía quieto, pero las sombras se movían. En las depresiones del cuerpo en uno de los costados, debajo del cabello, había sombras sospechosas.

—Todo lo dominas tú, si estás vivo. Pero si estás muerto has perdido tu poder y me perteneces. Eres mío.

Descendió un poco más, en espiral. Algo en la mano del hombre parecía moverse. Las sombras cambiaban de posición cerca de los brazos, de las botas. También las de la boca y la nariz, que eran sombras muy pequeñas. Volaba el animal cuidadosamente:

—Cuando muere un ave —dijo— las plumas se le erizan.

Y miraba los dedos de las manos, el cabello, sin encontrar traza alguna que le convenciera:

—Vamos, mueve tu mano. ¿De veras no puedes mover una mano?

El fragor de los cañones llegaba de la lejanía en olas broncas y

---

[2] **no acababa de creerlo** = apenas lo creía

tembladoras. El buitre las sentía antes en el estómago que en los oídos. El viento movió algo en la cabeza del hombre: el pelo. Volvió a subir el buitre, alarmado. Cuando se dio cuenta de que había sido el viento decidió posarse en algún lugar próximo para hacer sus observaciones desde un punto fijo. Fue a una pequeña agrupación de rocas que parecían un barco anclado y se dejó caer despacio. Cuando se sintió en la tierra plegó las alas. Sabiéndose seguro alzó la pata izquierda para calentársela contra las plumas del vientre y respiró hondo. Luego ladeó la cabeza y miró al hombre con un ojo mientras cerraba el otro con voluptuosidad.

—Ahora veré si las sombras te protegen o no.

El viento que llegaba lento y mugidor traía ceniza fría y hacía doblarse sobre sí misma la hierba seca. El pelo del hombre era del mismo color del polvo que cubría los arbustos. La brisa entraba en el cuerpo del buitre como en un viejo fuelle.

Si es que comes del hombre ten cuidado
que sea en tierra firme y descubierta.

Recordaba que la última vez que comió carne humana había tenido miedo, también. Se avergonzaba de su propio miedo él, un viejo buitre. Pero la vida es así. En aquel momento comprendía que el hombre que yacía en medio de un claro de arbustos debía estar acabado.[3] Sus sombras no se movían.

—Hola, hola, grita, di algo.

Hizo descansar su pata izquierda en la roca y alzó la derecha para calentarla también en las plumas.

—¿Viste anoche la luna? Era redonda y amarilla.

Ladeaba la cabeza y miraba al muerto con un solo ojo inyectado en sangre.[4] La brisa recogía el polvo que había en las rocas y hacía con él un lindo remolino. El ruido de los cañones se alejaba. «La guerra se va al valle próximo».

Miró las rocas de encima y vio que la más alta estaba bañada en sol amarillo. Fue trepando despacio hasta alcanzarla y se instaló en ella. Entreabrió las alas, se rascó con el pico en un hombro, apartó

---

[3] **debía estar acabado** = probablemente estaba muerto
[4] **inyectado de sangre** *el globo del ojo estaba enrojecido por la afluencia de sangre*

las plumas del pecho para que el sol le llegara a la piel y alzando la cabeza otra vez, se quedó mirando con un solo ojo. Alrededor del hombre la tierra era firme —sin barro ni arena— y estaba descubierta.

Escuchaba. En aquella soledad cualquier ruido —un ruido de agua entre las rocas, una piedrecita desprendida bajo la pata de un lagarto— tenían una resonancia mayor. Pero había un ruido que lo dominaba todo. No llegaba por el aire sino por la tierra y a veces parecía el redoble de un tambor lejano. Apareció un caballo corriendo.

Un caballo blanco y joven. Estaba herido y corría hacia ninguna parte tratando sólo de dar la medida[5] de su juventud antes de morir, como una protesta. Veía el buitre su melena blanca ondulando en el aire y la grupa estremecida. Pasó el caballo, se asustó al ver al hombre caído y desapareció por el otro extremo de la llanura.

El valle parecía olvidado. «Sólo ese caballo y yo hemos visto al hombre». El buitre se dejó caer con las alas abiertas y fue hacia el muerto en un vuelo pausado. Antes de llegar frenó con la cola, alzó su pecho y se dejó caer en la tierra. Sin atreverse a mirar al hombre retrocedió, porque estaba seguro de que se había acercado demasiado. La prisa unida a cierta solemnidad le daban una apariencia grotesca. El buitre era ridículo en la tierra. Subió a una pequeña roca y se volvió a mirar al hombre:

—Tú caballo se ha escapado. ¿Por qué no vas a buscarlo?

Bajó de la roca, se acercó al muerto y cuando creía que estaba más seguro de sí un impulso extraño le obligó a tomar otra dirección y subir sobre otra piedra. Más cerca que la anterior, eso sí.

—¿Muerto?

Volvían a oírse explosiones lejanas. Eran tan fuertes que los insectos volando cerca del buitre eran sacudidos en el aire. Volvió a bajar de la piedra y a caminar alrededor del cuerpo inmóvil que parecía esperarle. Tenía el hombre las vestiduras desgarradas, una rodilla y parte del pecho estaban descubiertos y el cuello y los brazos desnudos. La descomposición había inflamado la cara y el vientre. Se acercó dos pasos con la cabeza de medio lado,[6] vigilante. El cabello

---

[5] **dar la medida** = demostrar el grado o valor
[6] **de medio lado** = torcido o inclinado

RAMÓN SENDER

era del color de las hierbas quemadas. Quería acercarse más, pero no podía.

Miraba las manos. La derecha se clavaba en la tierra como una garra. La otra se escondía bajo la espalda. Buscaba en vano el buitre la expresión de los ojos.

—Si estuvieras vivo habrías ido a buscar tu caballo y no me esperarías a mí. Un caballo es más útil que un buitre, digo yo.

El hombre caído entre las piedras era una roca más. Su pelo bajo la nuca parecía muy largo, pero en realidad no era pelo, sino una mancha de sangre en la tierra. El buitre iba y venía en cortos pasos de danza mientras sus ojos y su cabeza pelada avanzaban hacia el muerto. El viento levantó el pico de la chaqueta del hombre y el buitre saltó al aire sacudiendo sus alas con un ruido de lonas desplegadas. Se quedó describiendo[7] círculos alrededor. El hedor parecía sostenerlo en el aire.

Entonces vio el buitre que la sombra de la boca estaba orlada por dos ileras de dientes. La cara era ancha y la parte inferior estaba cubierta por una sombra azul.

El sol iba subiendo, lento y amarillo, sobre una cortina lejana de montes.

Bajó otra vez con un movimiento que había aprendido de las águilas, pero se quedó todavía en el aire encima del cuerpo y fuera del alcance de sus manos. Y miraba. Algo en el rostro se movía. No eran sombras ni era el viento. Eran larvas vivas. Salían del párpado inferior y bajaban por la mejilla.

—¿Lloras, hijo del hombre? ¿Cómo es que tu boca se ríe y tus ojos lloran y tus lágrimas están vivas?

Al calor del sol se animaba la podredumbre. El buitre se dijo: «Tal vez si lo toco despertara». Se dejó caer hasta rozarlo con un ala y volvió a remontarse. Viendo que el hombre seguía inmóvil bajó y fue a posarse a una distancia muy corta. Quería acercarse más, subir encima de su vientre, pero no se atrevía. Ni siquiera se atrevía a pisar la sombra de sus botas.

El sol cubría ya todo el valle. Había trepado por los pantalones del muerto, se detuvo un momento en la hebilla de metal del

---

[7] **se quedó describiendo** = continuó describiendo

cinturón y ahora iluminaba de lleno la cara del hombre. Entraba incluso en las narices cuya sombra interior se retiraba más adentro.

Completamente abiertos, los ojos del hombre estaban llenos de luz. El sol iluminaba las retinas vidriosas. Cuando el buitre lo vio saltó sobre su pecho diciendo: 5

—Ahora, ahora.

El peso del animal en el pecho hizo salir aire de los pulmones y el muerto produjo un ronquido. El buitre dijo:

—Inútil, hijo del hombre. Ronca, grita, llora. Todo es inútil.

Y ladeando la cabeza y mirándolo a los ojos añadio: 10

—El hombre puede mirar al sol de frente.[8]

En las retinas del muerto había paisajes en miniatura llenos de reposo y de sabiduría. Encima lucía el sol.

—¿Ya la miras? ¿Ya te atreves a mirar la luz de frente?

A lo lejos se oían los cañones. 15

—Demasido tarde, hijo del hombre.

Y comenzó a devorarlo.

I. Preguntas

1. ¿Qué revela el primer párrafo en cuanto al carácter del buitre?
2. ¿Qué significa para el buitre el sonido de disparos?
3. ¿Por qué le era fácil al buitre acercarse a un hombre muerto?
4. ¿Por qué no le contesta al esparver?
5. ¿Qué es el ruido que se oye en la distancia?
6. ¿Por qué le tenía miedo el buitre al hombre?
7. Según el razonamiento del buitre, ¿por qué no salía humo de las chimeneas?
8. ¿Por qué habían clavado un esparver en una de las puertas del corral?
9. ¿En qué posición estaba el hombre que encontró de repente en el valle?
10. ¿Qué eran las sombras sospechosas que se veían en varias partes del cuerpo del hombre?

[8] **puede mirar al sol de frente** = puede mirar directamente hacia el sol

11. ¿Qué efecto en el buitre producía el movimiento del pelo en el viento?
12. ¿De dónde venía y adónde iba el caballo blanco?
13. Describa la apariencia del hombre de cerca.
14. A base de la descripción, ¿cómo se supone que había muerto el hombre?
15. Pará el buitre, ¿cuáles eran las últimas pruebas de que el hombre estaba muerto?

II. Enriquecimiento de vocabulario

A. *Escoja la palabra que corresponde a cada definición.*

1. Grupo de animales que se crían juntos.
2. Parte del cuerpo de las aves de que se sirven para volar.
3. Los huesos largos y encorvados que parten de la columna vertebral.
4. Arma que se dispara con un arco.
5. Polvo que queda como resto de algo que se quema completamente.

alas
clavo
fiera
ceniza
rebaño
lagarto
costillas
cortina
flecha
rompientes

B. *Escoja el adjetivo que corresponde como sinónimo a la palabra en cursiva en cada oración. Haga los cambios necesarios de género y número.*

1. Los soldados quedaron *aislados* de la compañía.
2. Era un día *claro*; no se veía ni una sola nube en el cielo.
3. Me vi *apurado* para escapar.
4. Es una compañía demasiado *fuerte* para luchar contra ella.
5. No podrás arrancar el árbol porque sus raíces están muy *hondas*.

profundo
ancho
despejado
apresurado
apagado
quebrado
separado
pelado
poderoso
dulce

C. *Escoja el sustantivo que corresponde como sinónimo a la palabra en cursiva en cada oración. Haga los cambios necesarios de género y número.*

1. La *derrota* del enemigo es la meta principal de la guerra.
2. El muchacho sufrió una caída violenta desde lo alto del *barranco*.
3. Los rayos y truenos indican que vamos a tener una *tormenta*.
4. Los *disparos* despertaron a todos los campesinos.
5. Los buitres y los esparveres son aves de *rapiña*.

tempestad
precipicio
pluma
ladera
prisa
tiro
presa
arbusto
vencimiento
pata

D. *Exprese en español las oraciones siguientes usando los modismos que corresponden a las palabras en cursiva.*

1. You'll *be* very *hungry* if you don't eat right now.
2. Did you *really* believe everything you heard?
3. We must meet this problem *head on*.
4. *In the distance* we heard the storm approaching.
5. *You're* not *within your rights* because it doesn't belong to you.

de veras
dar lugar a
desde luego
ponerse derecho
a lo lejos
estar en su derecho
tener ganas
de frente
tener hambre
dar lugar a

III. Ejercicios de oraciones

A. *Llene el espacio en blanco con el sustantivo apropiado.*

1. ¡Ay, qué jaleo! ¡Debe haber un lobo en la ____!
2. La diferencia de religión es una ____ entre ellos.
3. Nadie quiere comprar esa casa porque está habitada por un ____.

barrera
hedor
rincón
duende
caza
gallinera

RAMÓN SENDER

4. Vamos a comprar una silla y colocarla en ese ____.

5. Dejemos los detalles y vamos al ____ del asunto.

fondo
abertura
humo
chimenea

B. *Llene el espacio en blanco con el verbo apropiado conjugándolo según convenga.*

1. ¡Cuidado con esta arma! No quiero que los disparos ____ al caballo.
2. El médico me obligó a ____ la medicina.
3. Antes, todo este terreno ____ a una familia distinguida.
4. No podrás ver el pueblo hasta que ____ a lo alto del árbol.
5. Ella le abandonó porque él siempre ____ mientras se dormía.

trepar
resbalar
pertenecer
roncar
apoyar
espantar
clavar
rascar
tragar
batir

IV. Repaso de verbos

Exprese en español las oraciones siguientes usando los verbos a la derecha.

1a. I am very glad to meet you!
 b. We rejoiced at the good news you sent us.

alegrarse de

2a. Call me as soon as you've made up your mind to go.
 b. We have decided to support your candidate.

decidirse a

3a. Do you have confidence in all of your employees?
 b. It's a shame I couldn't depend on you.

fiarse de

4a. I am ashamed to tell you the truth.
 b. They were so ashamed of my conduct that they left early.

avergonzarse de

5a. I haven't been able to get my bearings in this class.
 b. How have you found your way without a map?

orientarse

V. Temas para conversación o composición

1. ¿Cuáles son los aciertos logrados al narrar este cuento desde el punto de vista del buitre?
2. ¿Cómo desarrolla Sender los siguientes temas?:
    a. el buitre como representación o símbolo de algo
    b. una burla a la gloria y dignidad del hombre
    c. la moralidad e inutilidad de la guerra
3. Describa cómo consigue Sender un efecto gráfico de movimiento y realidad.
4. ¿Qué papel desempeñan los colores en este cuento?
5. ¿Le parece a usted lógico la huída del caballo? Explique.

8

JULIO CORTÁZAR

La puerta condenada

JULIO CORTÁZAR

(b. 1914)

Cortázar ranks with Luis Borges as one of Latin America's most distinguished writers. He has resided in Paris since 1951 and now enjoys dual citizenship from both France and Argentina.

Born in Brussels during the outbreak of World War I, Cortázar moved with his family to a small suburb of Buenos Aires at the age of four. A financial crisis eventually cut short his academic studies. His fluent command of French made it possible for him to teach in secondary schools for ten years; then, without a college degree of his own, he was asked to assume a professorship in French literature at the University of Mendoza. With the coming to power in 1945 of Juan Perón, Cortázar was compelled to resign this post, owing to his disapproval of the new regime. Before departing for Paris, he worked for five years in Buenos Aires as a free-lance translator of French and English works.

A man of large stature and affable personality, Julio Cortázar and his wife Aurora cling to a life style characterized by social retreat and private aesthetic pleasures. They are unimpressed by the feverish pace which often accompanies literary prominence, such as banquets, guilds, speaking engagements, autograph sessions, and social gatherings. An enthusiastic lover of solitude, jazz, abstract painting, modern literature, and creative writing, Cortázar refuses to relinquish his independence to be lionized by globe-hopping literary critics, doctoral candidates, and tiresome hero-worshippers.

Cortázar has, in the words of Luis Harss, broadened the prospects of today's novel, "not only by opening its doors to new themes, but also by pointing it in new directions." His writings are marked by a penetrating intelligence which conveys to the most apprehensive reader an abiding reassurance that despite the author's deliberate use of complex symbolism, irony, ambiguity, and apparent incoherence, *he is in complete command of all of the technical problems related to character, situation, and subject matter. Most of his stories and novels contain plots which twist and turn through a maze of mystery and fantasy, fusing threads of visionary imaginings with a realistic projection of contemporary humanity in its struggle for identity and purpose amidst the anxieties of everyday life. While his story line is often audacious and his denouements totally unexpected, Cortázar's language remains simple and clear. He has a deep regard for the power of a natural, unadorned prose style. His novels and short stories attest to the accessibility of a straightforward conversational tone despite the presence, in content, of some of the most dazzling, enigmatic, and disturbing expressions ever published in the Spanish language.*

Cortázar wrote his first "novel" at the age of eight, balancing from the high limbs of a tree. In later years, while teaching high school in Argentina, he wrote many short stories, yet never intended to publish any of his early compositions. He was, however, from the beginning, cognizant that his writing would gain in high literary value, and he was not disposed to publish a word until he attained that goal.

His wife reports that Cortázar approaches his work without a plan, without any predetermined outline, aware only that he must avoid what he considers the false and artificial reality of conventional literature. As one idea leads to another, he organizes the story's content, resolves technical problems, and develops his plot as he goes, writing in long spurts and giving minimal attention to revision. Cortázar has said of this creative effort: "I have never adhered to the precept that a story should never be begun unless it has been thought through."

Cortázar now devotes all of his time to literary interests. His best known novel is Rayuela (*1963*), *known to English readers by the title* Hopscotch.

The role of mystery and fantasy has occupied an honorable place in Argentine literature since the time of Leopoldo Lugones. This story is well within the tradition of such highly esteemed writings. What is the meaning of the strange, frightening wail the protagonist hears night after night? Does the mystery provide a logical explanation? How does Cortázar draw the reader into an irrational, nightmare world of fantasy and terror, yet hold him constantly to a temporal locale of precise reality? These are questions the student will have to ponder as he or she accompanies Señor Petrone in his search for some kind of solution to the enigma of a baby's cry in the night, a search which in itself will augment the dramatic tension of one of Julio Cortázar's most unforgettable tales.

"La puerta condenada" is taken from the short story collection entitled Final del juego, *published in 1956.*

La puerta condenada

A Petrone le gustó el hotel Cervantes por razones que hubieran desagradado a otros. Era un hotel sombrío, tranquilo, casi desierto. Un conocido del momento se lo recomendó cuando cruzaba el río en el vapor de la carrera,[1] diciéndole que estaba en la zona céntrica de Montevideo. Petrone aceptó una habitación con baño en el segundo piso, que daba directamente a la sala de recepción. Por el tablero de llaves en la portería supo que había poca gente en el hotel; las llaves estaban unidas a unos pesados discos de bronce con el número de la habitación, inocente recurso de la gerencia para impedir que los clientes se las echaran al bolsillo.

El ascensor dejaba frente a la recepción, donde había un mostrador con los diarios del día y el tablero telefónico. Le bastaba caminar

---

[1] **el vapor de la carrera** *el barco que hace el recorrido por el Río de la Plata entre Buenos Aires y Montevideo*

JULIO CORTÁZAR

unos metros para llegar a la habitación. El agua salía hirviendo, y eso compensaba la falta de sol y de aire. En la habitación había una pequeña ventana que daba a la azotea del cine contiguo; a veces una paloma se paseaba por ahí. El cuarto de baño tenía una ventana más grande, que se abría tristemente a un muro y a un lejano pedazo de cielo, casi inútil. Los muebles eran buenos, había cajones y estantes de sobra. Y muchas perchas, cosa rara.

El gerente resultó ser un hombre alto y flaco, completamente calvo. Usaba anteojos con armazón de oro y hablaba con la voz fuerte y sonora de los uruguayos. Le dijo a Petrone que el segundo piso era muy tranquilo, y que en la única habitación contigua a la suya vivía una señora sola, empleada en alguna parte, que volvía al hotel a la caída de la noche. Petrone la encontró al día siguiente en el ascensor. Se dio cuenta de que era ella por el número de la llave que tenía en la palma de la mano, como si ofreciera una enorme moneda de oro. El portero tomó la llave y la de Petrone para colgarlas en el tablero, y se quedó hablando con la mujer sobre unas cartas. Petrone tuvo tiempo de ver que era todavía joven, insignificante, y que se vestía mal como todas las orientales.[2]

El contrato con los fabricantes de mosaicos llevaría más o menos una semana. Por la tarde Petrone acomodó la ropa en el armario, ordenó sus papeles en la mesa, y después de bañarse salió a recorrer el centro mientras se hacía hora de ir al escritorio de los socios. El día se pasó en conversaciones, cortadas por un copetín en Pocitos[3] y una cena en casa del socio principal. Cuando lo dejaron en el hotel era más de la una. Cansado, se acostó y se durmió en seguida. Al despertarse eran casi las nueve, y en esos primeros minutos en que todavía quedan las sobras de la noche y del sueño, pensó que en algún momento lo había fastidiado el llanto de una criatura.

Antes de salir charló con el empleado que atendía la recepción y que hablaba con acento alemán. Mientras se informaba sobre líneas de ómnibus y nombres de calles, miraba distraído la gran sala en cuyo extremo estaban las puertas de su habitación y la de la señora sola. Entre las dos puertas había un pedestal con una nefasta

---

[2] **orientales** *así llaman a los habitantes de la República Oriental del Uruguay*
[3] **Pocitos** *barrio elegante que circunda la Playa de los Pocitos, zona balnearia de Montevideo*

réplica de la Venus de Milo. Otra puerta, en la pared lateral, daba a una salita con los infaltables sillones y revistas. Cuando el empleado y Petrone callaban, el silencio del hotel parecía coagularse, caer como ceniza sobre los muebles y las baldosas. El ascensor resultaba casi estrepitoso, y lo mismo el ruido de las hojas de un diario o el raspar de un fósforo.

Las conferencias terminaron al caer la noche y Petrone dio una vuelta por 18 de Julio[4] antes de entrar a cenar en uno de los bodegones de la Plaza Independencia. Todo iba bien, y quizá pudiera volverse a Buenos Aires antes de lo que pensaba. Compró un diario argentino, un atado de cigarrillos negros, y caminó despacio hasta el hotel. En el cine de al lado daban dos películas que ya había visto, y en realidad no tenía ganas de ir a ninguna parte. El gerente lo saludó al pasar y le preguntó si necesitaba más ropa de cama.[5] Charlaron un momento, fumando un pitillo, y se despidieron.

Antes de acostarse Petrone puso en orden los papeles que había usado durante el día, y leyó el diario sin mucho interés. El silencio del hotel era casi excesivo, y el ruido de uno que otro tranvía que bajaba por la calle Soriano no hacía más que pausarlo, fortalecerlo para un nuevo intervalo. Sin inquietud pero con alguna impaciencia, tiró el diario al canasto y se desvistió mientras se miraba distraído en el espejo del armario. Era un armario ya viejo, y lo habían adosado a una puerta que daba a la habitación contigua. A Petrone le sorprendió descubrir la puerta que se le había escapado en su primera inspección del cuarto. Al principio había supuesto que el edificio estaba destinado a hotel, pero ahora se daba cuenta de que pasaba lo que en tantos hoteles modestos, instalados en antiguas casas de escritorios o de familia. Pensándolo bien, en casi todos los hoteles que había conocido en su vida —y eran muchos— las habitaciones tenían alguna puerta condenada,[6] a veces a la vista pero casi siempre con un ropero, una mesa o un perchero delante, que como en este caso les daba una cierta ambigüedad, un avergonzado deseo de disimular su

---

[4] **18 de julio** *calle principal de Montevideo, saliendo de la Plaza Independencia, llamada así en conmemoración de la fecha en que fue jurada la primera constitución del Uruguay* (*1830*).

[5] **ropa de cama** *se refiere a mantas*

[6] **puerta condenada** *puerta tapada o cerrada de modo que no se puede utilizar*

existencia como una mujer que cree taparse poniéndose las manos en el vientre o los senos. La puerta estaba ahí, de todos modos, sobresaliendo del nivel del armario. Alguna vez la gente había entrado y salido por ella, golpeándola, entornándola, dándole una vida que todavía estaba presente en su madera tan distinta de las paredes. Petrone imaginó que del otro lado habría también un ropero y que la señora de la habitación pensaría lo mismo de la puerta.

No estaba cansado pero se durmió con gusto. Llevaría tres o cuatro horas cuando lo despertó una sensación de incomodidad, como si algo ya hubiera ocurrido, algo molesto e irritante. Encendió el velador, vio que eran las dos y media, y apagó otra vez. Entonces oyó en la pieza de al lado el llanto de un niño.

En el primer momento no se dio bien cuenta. Su primer movimiento fue de satisfacción; entonces era cierto que la noche antes un chico no lo había dejado descansar. Todo explicado, era más fácil volver a dormirse. Pero después pensó en lo otro y se sentó lentamente en la cama, sin encender la luz, escuchando. No se engañaba, el llanto venía de la pieza de al lado. El sonido se oía a través de la puerta condenada, se localizaba en ese sector de la habitación al que correspondían los pies de la cama. Pero no podía ser que en la pieza de al lado hubiera un niño; el gerente había dicho claramente que la señora vivía sola, que pasaba casi todo el día en su empleo. Por un segundo se le ocurrió a Petrone que tal vez esa noche estuviera cuidando al niño de alguna parienta o amiga. Pensó en la noche anterior. Ahora estaba seguro de que *ya* había oído el llanto, porque no era un llanto fácil de confundir, más bien una serie irregular de gemidos muy débiles, de hipos quejosos seguidos de un lloriqueo momentáneo, todo ello inconsistente, mínimo, como si el niño estuviera muy enfermo. Debía ser una criatura de pocos meses aunque no llorara con la estridencia y los repentinos cloqueos y ahogos de un recién nacido. Petrone imaginó a un niño —un varón, no sabía por qué— débil y enfermo, de cara consumida y movimientos apagados. *Eso* se quejaba en la noche, llorando pudoroso, sin llamar demasiado la atención. De no estar allí la puerta condenada, el llanto no hubiera vencido las fuertes espaldas de la pared, nadie hubiera sabido que en la pieza de al lado estaba llorando un niño.

Por la mañana Petrone lo pensó un rato mientras tomaba el desayuno y fumaba un cigarrillo. Dormir mal no le convenía para su trabajo del día. Dos veces se había despertado en plena noche, y las dos veces a causa del llanto. La segunda vez fue peor, porque a más del llanto se oía la voz de la mujer que trataba de calmar al 5 niño. La voz era muy baja pero tenía un tono ansioso que le daba una calidad teatral, un susurro que atravesaba la puerta con tanta fuerza como si hablara a gritos. El niño cedía por momentos al arrullo, a las instancias; después volvía a empezar con un leve quejido entrecortado, una inconsolable congoja. Y de nuevo la 10 mujer murmuraba palabras incomprensibles, el encantamiento de la madre para acallar al hijo atormentado por su cuerpo o su alma, por estar vivo o amenazado de muerte.

«Todo es muy bonito, pero el gerente me macaneó»,[7] pensaba Petrone al salir de su cuarto. Lo fastidiaba la mentira y no lo disi- 15 muló. El gerente se quedó mirándolo.

—¿Un chico? Usted se habrá confundido. No hay chicos pequeños en este piso. Al lado de su pieza vive una señora sola, creo que ya se lo dije.

Petrone vaciló antes de hablar. O el otro mentía estúpidamente, o 20 la acústica del hotel le jugaba una mala pasada.[8] El gerente lo estaba mirando un poco de soslayo, como si a su vez lo irritara la protesta. «A lo mejor me cree tímido y que ando buscando un pretexto para mandarme mudar», pensó. Era difícil, vagamente absurdo insistir frente a una negativa tan rotunda. Se encogió de 25 hombros y pidió el diario.

—Habré soñado[9] —dijo, molesto por tener que decir eso, o cualquier otra cosa.

El cabaret era de un aburrimiento mortal y sus dos anfitriones no parecían demasiado entusiastas, de modo que a Petrone le resultó 30 fácil alegar el cansancio del día y hacerse llevar al hotel. Quedaron en firmar los contratos al otro día por la tarde; el negocio estaba prácticamente terminado.

[7] **me macaneó** = me engañó
[8] **le jugaba una mala pasada** = le engañaba
[9] **habré soñado** = probablemente soñaba

JULIO CORTÁZAR

El silencio en la recepción del hotel era tan grande que Petrone se descubrió a sí mismo andando en puntillas. Le habían dejado un diario de la tarde al lado de la cama; había también una carta de Buenos Aires. Reconoció la letra de su mujer.

5 Antes de acostarse estuvo mirando el armario y la parte sobresaliente de la puerta. Tal vez si pusiera sus dos valijas sobre el armario, bloqueando la puerta, los ruidos de la pieza de al lado disminuirían. Como siempre a esa hora, no se oía nada. El hotel dormía, las cosas y las gentes dormían. Pero a Petrone, ya mal-
10 humorado, se le ocurrió que era al revés y que todo estaba despierto, anhelosamente despierto en el centro del silencio. Su ansiedad inconfesada debía estarse comunicando a la casa, a las gentes de la casa, prestándoles una calidad de acecho, de vigilancia agazapada. Montones de pavadas.[10]

15 Casi no lo tomó en serio cuando el llanto del niño lo trajo de vuelta,[11] a las tres de la mañana. Sentándose en la cama se preguntó si lo mejor sería llamar al sereno para tener un testigo de que en esa pieza no se podía dormir. El niño lloraba tan débilmente que por momentos no se lo escuchaba, aunque Petrone sentía que el llanto
20 estaba ahí, continuo, y que no tardaría en crecer otra vez. Pasaban diez o veinte lentísimos segundos; entonces llegaba un hipo breve, un quejido apenas perceptible que se prolongaba dulcemente hasta quebrarse en el verdadero llanto.

Encendiendo un cigarrillo, se preguntó si no debería dar unos
25 golpes discretos en la pared para que la mujer hiciera callar al chico. Recién cuando los pensó a los dos,[12] a la mujer y al chico, se dio cuenta de que no creía en ellos, de que absurdamente no creía que el gerente le hubiera mentido. Ahora se oía la voz de la mujer, tapando por completo el llanto del niño con su arrebatado —aunque tan
30 discreto— consuelo. La mujer estaba arrullando al niño, consolándolo, y Petrone se la imaginó sentada al pie de la cama, moviendo la cuna del niño o teniéndolo en brazos. Pero por más que lo quisiera no conseguía imaginar al niño, como si la afirmación del hotelero

[10] **pavadas** = tonterías
[11] **lo trajo de vuelta** = lo despertó
[12] **recién cuando los pensó a los dos** = apenas consideró a los dos; cuando acababa de considerar a los dos

fuese más cierta que esa realidad que estaba escuchando. Poco a poco, a medida que pasaba el tiempo y los débiles quejidos se alternaban o crecían entre los murmullos de consuelo, Petrone empezó a sospechar que aquello era una farsa, un juego ridículo y monstruoso que no alcanzaba a explicarse. Pensó en viejos relatos de mujeres sin hijos, organizando en secreto un culto de muñecas, una inventada maternidad a escondidas, mil veces peor que los mimos a perros o gatos o sobrinos. La mujer estaba imitando el llanto de su hijo frustrado, consolando el aire entre sus manos vacías, tal vez con la cara mojada de lágrimas porque el llanto que fingía era a la vez su verdadero llanto, su grotesco dolor en la soledad de una pieza de hotel, protegida por la indiferencia y por la madrugada.

Encendiendo el velador, incapaz de volver a dormirse, Petrone se preguntó qué iba a hacer. Su malhumor era maligno, se contagiaba de ese ambiente donde de repente todo se le antojaba trucado, hueco, falso: el silencio, el llanto, el arrullo, lo único real de esa hora entre noche y día y que lo engañaba con su mentira insoportable. Golpear en la pared le pareció demasiado poco. No estaba completamente despierto aunque le hubiera sido imposible dormirse; sin saber bien cómo, se encontró moviendo poco a poco el armario hasta dejar al descubierto la puerta polvorienta y sucia. En piyama y descalzo, se pegó a ella como un ciempiés, y acercando la boca a las tablas de pino empezó a imitar en falsete, imperceptiblemente, un quejido como el que venía del otro lado. Subió de tono, gimió, sollozó. Del otro lado se hizo un silencio que habría de durar toda la noche; pero en el instante que lo precedió, Petrone pudo oír que la mujer corría por la habitación con un chicotear de pantuflas,[13] lanzando un grito seco e instantáneo, un comienzo de alarido que se cortó de golpe como una cuerda tensa.

Cuando pasó por el mostrador de la gerencia eran más de las diez. Entre sueños, después de las ocho, había oído la voz del empleado y la de una mujer. Alguien había andado en la pieza de al lado moviendo cosas. Vio un baúl y dos grandes valijas cerca del ascensor. El gerente tenía un aire que a Petrone se le antojó de desconcierto.

[13] **con un chicotear de pantuflas** *es decir, se oía á la mujer corriendo precipitadamente en sus zapatillas*

JULIO CORTÁZAR

—¿Durmió bien anoche? —le preguntó con el tono profesional que apenas disimulaba la indiferencia.

Petrone se encogió de hombros. No quería insistir, cuando apenas le quedaba por pasar otra noche en el hotel.

5 —De todas maneras ahora va a estar más tranquilo —dijo el gerente, mirando las valijas—. La señora se nos va a mediodía.

Esperaba un comentario, y Petrone lo ayudó con los ojos.

—Llevaba aquí mucho tiempo, y se va así de golpe. Nunca se sabe con las mujeres.

10 —No —dijo Petrone—. Nunca se sabe.

En la calle se sintió mareado, con un mareo que no era físico. Tragando un café amargo[14] empezó a darle vueltas al asunto,[15] olvidándose del negocio, indiferente al espléndido sol. Él tenía la culpa de que esa mujer se fuera del hotel, enloquecida de miedo, de 15 vergüenza o de rabia. *Llevaba aquí mucho tiempo...* Era una enferma, tal vez, pero inofensiva. No era ella sino él quien hubiera debido irse del Cervantes. Tenía el deber de hablarle, de excusarse y pedirle que se quedara, jurándole discreción. Dio unos pasos de vuelta y a la mitad del camino se paró. Tenía miedo de hacer un papelón,[16] de 20 que la mujer reaccionara de alguna manera insospechada. Ya era hora de encontrarse con los dos socios y no quería tenerlos esperando. Bueno, que se embromara.[17] No era más que una histérica, ya encontraría otro hotel donde cuidar a su hijo imaginario.

Pero a la noche volvió a sentirse mal, y el silencio de la habitación 25 le pareció todavía más espeso. Al entrar al hotel no había podido dejar de ver el tablero de las llaves, donde faltaba ya la de la pieza de al lado. Cambió unas palabras con el empleado, que esperaba bostezando la hora de irse, y entró en su pieza con poca esperanza de poder dormir. Tenía los diarios de la tarde y una novela policial. Se 30 entretuvo arreglando sus valijas, ordenando sus papeles. Hacía calor, y abrió de par en par la pequeña ventana. La cama estaba

[14] **café amargo** = café sin azucar
[15] **darle vueltas al asunto** = pensar sobre el asunto
[16] **hacer un papelón** = quedar ridículo
[17] **que se embromara** = que se fastidiara; que se aguantara, siguiendo su camino sin que él pudiera hacer nada contra ello

bien tendida, pero la encontró incómoda y dura. Por fin tenía todo el silencio necesario para dormir a pierna suelta[18] y le pesaba. Dando vueltas y vueltas, se sintió como vencido por ese silencio que había reclamado con astucia y que le devolvían entero y vengativo. Irónicamente pensó que extrañaba el llanto del niño, que esa calma perfecta no le bastaba para dormir y todavía menos para estar despierto. Extrañaba el llanto del niño, y cuando mucho más tarde lo oyó, débil pero inconfundible a través de la puerta condenada, por encima del miedo, por encima de la fuga en plena noche supo que estaba bien y que la mujer no había mentido, no se había mentido al arrullar al niño, al querer que el niño se callara para que ellos pudieran dormirse.

I. Preguntas

1. ¿Qué ventajas especiales halló Petrone en el Hotel Cervantes?
2. Describa la habitación en donde se hospedó Petrone.
3. ¿Quién era la mujer al lado y cómo le parecía a Petrone?
4. ¿Por qué razón estaba Petrone de paso en Montevideo?
5. ¿Cómo pasó su primer día en la ciudad?
6. Cuente lo que hizo el segundo día de su estancia.
7. ¿Qué efecto tenía el silencio del hotel sobre Petrone?
8. ¿Cuáles eran los pensamientos que se le ocurrieron al observar la puerta condenada?
9. ¿En qué pensó Petrone al ser despertado la segunda vez?
10. ¿Cómo había actuado la mujer cuando lloraba el niño?
11. ¿Por qué había un tono de desconcierto entre Petrone y el gerente del hotel?
12. ¿En qué pensó Petrone cuando le despertó el llanto la tercera noche?
13. ¿Qué hizo por fin para acabar con los sollozos?
14. ¿Qué remordimientos tuvo Petrone con respecto a la partida de la mujer?
15. ¿Qué sucedió la cuarta noche de su estancia en el Hotel Cervantes?

[18] **a pierna suelta** = con completa despreocupación

JULIO CORTÁZAR

II. Enriquecimiento de vocabulario

A. *Escoja la palabra que corresponde a cada definición.*

1. Mueble con puertas, en cuyo interior hay estantes, cajones y perchas para colgar ropa.
2. Aparato en los edificios que sirve para subir a los pisos.
3. Establecimiento donde se sirven comidas baratas.
4. Grito muy fuerte, de terror, de dolor, de rabia, etc.
5. Canto o sonido agradable con que se adormece a un niño.

alarido
ascensor
anfitrión
cuna
arrullo
socio
baúl
bodegón
armario
pariente

B. *Escoja el adjetivo que corresponde como sinónimo a la palabra en cursiva en cada oración. Haga los cambios necesarios de género y número.*

1. No había nadie en las habitaciones *contiguas*.
2. Resultó un viaje *nefasto* que nunca jamás repetiremos.
3. Lanzó un grito *repentino* y se fue.
4. Estoy *molesto* contigo porque todavía no me has dicho la verdad.
5. ¡Uf! Ella tiene la cabeza tan *hueca*.

vacío
desgraciado
ansioso
súbito
ofendido
pesado
descalzo
inmediato
débil
espeso

C. *Escoja el sustantivo que corresponde como sinónimo a la palabra en cursiva en cada oración. Haga los cambios necesarios de género y número.*

1. No tengo ganas de entrar en esa *pieza*.
2. ¿Qué podemos hacer para disminuir la *congoja* de esa pobre mujer?
3. Aquel loco anda buscando *pitillos* por la calle.
4. Los *lamentos* del niño se van aumentando.
5. ¿Hay otro *medio* con qué resolver nuestro dilema?

cigarrillo
angustia
estante
cuarto
anteojos
quejido
ropero
recurso
baldosa
gerente

D. *Exprese en español las oraciones siguientes usando los modismos que corresponden a las palabras en cursiva.*

1. You now have *more than enough* to take your trip.
2. *No matter how* you may insist, I will not give them to you.
3. Think about the meaning of this story *while* you read it.
4. He told us three times *so that* we wouldn't forget.
5. Do you have your bathroom window *wide open*?

en puntillas
por más que
a medida que
a pierna suelta
de modo que
de par en par
de sobra
a causa de
de soslayo
a través de

III. Ejercicios de oraciones

A. *Llene el espacio en blanco con el sustantivo apropiado.*

1. ¿Por qué no consultas a tu ＿＿ en cuanto al problema?
2. Debido a la brevedad del viaje, voy con una sola ＿＿.
3. El ruido y la conmoción de la calle me produjeron un ＿＿.
4. Por falta de un ＿＿ no puedo fumar.
5. El ＿＿ de la cultura es muy bajo en esta región.

azotea
valija
gemido
fósforo
nivel
acecho
socio
baldosa
ceniza
mareo

B. *Llene el espacio en blanco con el verbo apropiado conjugándolo según convenga.*

1. En dos meses hemos ＿＿ todo el país.
2. Siempre te veo ＿＿ entre la esperanza y el temor.
3. ＿＿ el sombrero en la percha y siéntese.
4. La policía ＿＿ del portero y por eso viene a buscarle.
5. No quiero que ＿＿ esta calle a menos que te acompañe tu papá.

atravesar
disimular
atender
sospechar
recorrer
extrañar
vacilar
colgar
hervir
raspar

IV. Repaso de verbos

Exprese en español las oraciones siguientes usando los verbos a la derecha.

1a. Don't be deceived by appearances!　　　*engañarse*
 b. You are mistaken if you continue to believe
    her.

2a. He ran away with the boss's daughter.　　*escaparse*
 b. No one can escape from this responsibility.

3a. I wish to say good-bye to all my friends.　*despedirse de*
 b. He took leave of his class and never re-
    turned.

4a. We agreed to meet here at the same time　*quedar en*
    tomorrow.
 b. She agreed to call us if she needs our help.

5a. Why are you delaying so long in answering　*tardar en*
    her letter?
 b. They've taken a long time in putting their
    things in order.

V. Temas para conversación o composición

1. Exponga su propia interpretación tocante al misterio del llanto del
   niño.
2. Narre los acontecimientos de la tercera noche desde el punto de vista
   de la mujer.
3. Cuente lo sucedido en el hotel desde el punto de vista del gerente.
4. ¿Qué haría usted si noche tras noche una criatura en la vecindad lo
   despertara con su llanto?
5. Al oír al niño la cuarta noche, ¿qué habría hecho usted si hubiera
   sido el Sr. Petrone?

MIGUEL DE UNAMUNO

El Dios Pavor

MIGUEL DE UNAMUNO

(1864–1936)

No one in the long history of Spain has been praised and damned with such intensity as has the person of Miguel de Unamuno. His defenders have extolled the vigor of his eloquence, the patriarchal strength of his leadership, and the brilliance and versatility of his intellectual achievement. His enemies have inveighed against his insufferable egotism, his peevish, self-righteous immaturity, and the magnitude of his offensive contempt toward his critics. Unamuno courted both the encomiums and the censorship. Fiercely loyal to his family and close associates, he delighted in kindling their assent and luring their admiration. And with equal determination to sustain his detractors' scorn for his work and personality, he fulminated with vaulting rancor and irascibility against any politician, churchman, educator, writer, artist, or philosopher who might dare to contradict him.

Unamuno was the alleged "enfant terrible" of his generation, a man whose every word and act disclosed the struggles and contradictions of his dynamic involvement in the business of living and thinking. It was said that he cared more for books than for people, yet he was a devoted and loving husband and father. He was labeled the greatest heretic of our age, yet it is also said that he did more, through his essays and musings, to stimulate an intelligent approach to religion and traditional beliefs than any philosopher or theologian since Thomas Aquinas. He has likewise been accused of frivolity and superficiality in his writings, yet his literary production has prompted the publication of more books, monographs, and critical studies than any other writer of his nation, except for Cervantes.

He is still denounced for his petulance and provocations; many Catholic writings continue to defame his memory and to discourage the reading of his works. Nevertheless, Unamuno remains the Spanish archetype of that precious human commodity known as individuality. His writings, which include fifteen volumes of essays, poems, novels, and short stories, are studied today as documents of the most rigorous

and unique personal style to have been produced by that group of celebrated littéra-
teurs known as the Generation of 1898.

Perhaps the most attractive feature about Unamuno is the very aspect which
repelled his contemporaries: the nature and impact of the man's vibrant personality.
It is undeniably present in all that he wrote, for he wrote as one man addressing
himself to the individual readers, with all of the bluntness and aggressiveness of a
personal confrontation. Ernst Curtius has observed that Spain has had "thinkers of
keener ideas, poets of sweeter song, personalities with richer power of structure, and
artists with a purer sense of form, but Unamuno is nevertheless unique because of the
dynamism of his personality."

Don Miguel did not excel as a short story writer, although he wrote enough
short narratives between 1886 and 1934 to fill several volumes. Some of his tales are
unpolished, discursive scribblings, the product of Unamuno's indifference to traditional
form and structure. Others have an untidy philosophical base in which plot and
character development are virtually suffocated by the cumbrous anti-story framework
of verbose monologue. Still others are remarkable gems of prose fiction, short drama-
tized episodes wherein human tragedy is the focal concern. Even in his better tales,
Unamuno does not adhere to any prescribed literary format. The laconic and diffused
manner by which he narrates a story is often disconcerting. The reader unacquainted
with Unamuno's agonistic and antagonistic prose posture must bear in mind the
fact that the author intends to irritate him; this, in fact, is the author's professed
painful duty. He writes, "We must sow in men the seeds of doubt, of distrust,
of disquiet, and even of despair." Walter Starkie also quotes Unamuno as
having declared: "I cannot live without discussions or contradictions, and when
no one outside argues with me or contradicts me, I invent someone within myself
who will."

This story relates the evolution of a young woman's mental disorder from a stage of intimidation and fear to an ominous plunge into total madness. Unamuno's occasional preoccupation with the macabre is evident here, as we witness the torment and disintegration of a human being in the face of the grotesque and diabolical mistreatment by her father and aunt and the absence of a mother's love and compassion. The sense of terror this tale conveys, however, takes its rise not from a series of carefully developed descriptive passages, nor from an accumulation of introspective musings; it springs rather from the immediacy of our emotional response to Justina's anguish. Unamuno imparts a high degree of excitement to the narrative with the first sentence, then sustains this intensity without relief throughout the entire simple, rectilinear portrayal of the protagonist's life.

Pathos attends this story. Its conclusion is as disturbing as its beginning, provoking the reader to experience a profound sense of uneasiness that gains no respite when the tale has ended. But such is Unamuno's vital purpose: to tease, beguile, enrage, and shock.

"El Dios Pavor," also entitled "Justina," was first published in the Bilbao periodical El Nervión, *June 6, 1892.*

El Dios Pavor

LOS MENDRUGOS Y EL PUCHERITO DE LIMOSNA[1] QUE Justina arrancaba a la piedad pública, los comían[2] sus padres mascando con ellos el aire nauseabundo del covacho[3] en que vivían. La cama estaba siempre rota y sucia, el hogar siempre apagado y sobre él la botella de aguardiente.[4]   5

---

[1] **los mendrugos y el pucherito de limosna** *se refiere al dinero mínimo y miserable que sacaba*

[2] **comían** = gastaban o consumían

[3] **covacho** = casucha, vivienda muy pobre

[4] **sobre él la botella de aguardiente** *es decir, por encima del hogar se destacaba el hábito de la bebida*

Madre e hija se dormían abrazadas de brazos y piernas para darse calor. Cuando les despertaba del frío el quejido de la puerta al sentir la patada del hombre, iba la mujer a abrirle.[5] Entraba aquél, y se acostaba al lado de su mujer y su hija, que recibían en el rostro aliento de vino.

Justina se perdía por las calles, pidiendo por amor de Dios. Su fantasía, libre de la carne por la anemia, volaba bajo la capa azul con que el sol hace techo a la calle, tras de los angelitos de que le hablaban los hijos del arroyo.[6]

En casa se distraía a menudo mirando el polvo que jugaba en el rayo del sol, hasta que su padre la volvía al mundo de un puñetazo.

Un día se le cayó el pucherito y anduvo errante antes de volver a casa. Cuando entró en ella, y su padre, que estaba acostado con fiebre, vio lo que pasaba, le dijo: «¡Ven acá, perra, perdida!», y le golpeó la cabeza contra el suelo, mientras la mujer temblaba. Desde entonces apretaba Justina el pucherito contra su corazón.

Otro día, al entrar, encontró a su madre sentada en el suelo, junto a un hombre, mirándole con ojos secos y muy grandes. La cara del padre estaba blanca. Había muerto en él todo movimiento, pero sus ojos seguían a su hija. Aquella noche hizo temblar a Justina bajo el guiñapo el frío del cuerpo del hombre, frío como una culebra y con olor a vino.

A unos señores que entraron al siguiente día, el aire podrido les sacó lágrimas y se enjugaron los ojos con pañuelos que olían a flores, se taparon el aliento, les dijeron muchas cosas, muchas cosas que hacían llorar a su madre, y les dieron dinero.

Después que llevaron al muerto estaba sola Justina, resintiendo el frío del cuerpo del hombre, cuando entró su madre que volvía de la calle, y le dijo:

—Vas a ir a servir a tu tío, ¡sé buena!

La metieron en casa de su tío. Como éste trabajaba casi todo el día fuera de casa, Justina vivía con la tía, que la puso de niñera de un pequeñuelo. La tía se pasaba el día gruñiendo y ponderando lo caro de la vida; hallaba en todo motivo de disgusto, y daba contra la niña.[7]

---

[5] **iba la mujer a abrirle** = iba la mujer a abrir la puerta para él
[6] **los hijos del arroyo** = la gente de la calle
[7] **daba contra la nina** = le pegaba

¡Cuánto recordó Justina la penuria del covacho paterno en la parsimoniosa mezquindad de su tía![8] Por su poco apetito solía dejar algunos platos.

—¿Por qué lo dejas? —le gritaba su tía—. Mientras no comas eso no comes otra cosa... Lo que quieres son postres, golosinas... ¡habráse visto la chiquilla![9] ¡Cualquiera diría que te han criado con colinetas y huevo mol![10] ¿Qué comías en tu casa? Hambre porretera.[11] ¡Vaya la chiquilla![12]

Justina tenía que mascullar, quiera o no, las sobras del puchero.

—Tu padre era un borracho que murió de una perra...[13] ¿y tu madre? Más vale callar. Si no fuera por mí, andarías todavía por la calle pidiendo limosna, dormirías en el pilón de la plaza cuando hiela, y comerías mondaduras de la basura...

La hacía servir la mesa, traer y llevar los platos. Un día, porque se le cayeron y se hicieron añicos, la hartó de insultos y la dio de cachetes[14] hasta que la vio sangrar por los dientes.

—Para que otra vez tengas cuidado, ¡condenada! Me cuestas más de lo que vales.

Daba rabia a la tía que el inútil de su marido mostrara alguna afección pasiva a la sobrinilla y saliera a las veces a su defensa, diciendo:

—Déjala, no haces más que aturdirla y marearla; la vas a volver loca.

—Sí, ayúdale; hago todo lo que puedo para educarla, y vienes tú y lo echas todo a perder.

Cuando se iba el pobre hombre, descargaba sobre la inocente toda su sorda irritación contra aquél, que no hacía más que trabajar y dormir.

---

[8] **¡Cuanto ... de su tiá!** *es decir, al vivir con su tía, circundada de tanta avaricia y egoísmo, no pudo menos de pensar nostálgicamente en la pobreza de la casucha de sus padres*

[9] **¡habrase visto la chiquilla!** *una exclamación sarcástica y de queja con que se quiere decir ¡Qué niña tan mala!*

[10] **colinetas** = un conjunto de dulces
huevo mol = plato de dulce hecho con yemas de huevo y azúcar

[11] **hambre porretera** = hambre de golosa

[12] **¡vaya la chiquilla!** *otra expresión de disgusto*

[13] **murió de una perra** = murió de una borrachera

[14] **la dio de cachetes** = le dio de puñetazos en la cara

MIGUEL DE UNAMUNO

Los días en que Justina gustaba algún placer era cuando salían de paseo y pisaban sobre yerba. Sucedía esto algunos domingos. La tía le sacaba un traje nuevo, y se lo vestía; se vestía ella misma, de-ando el grasiento pingo casero,[15] con un vestido sin arrugas y unas
5 botas que cantaban. Ponía al niño los trapitos de cristianar,[16] y los tres salían a la calle. El niño palmoteaba al ver árboles, pedía los pájaros y se volvía dormido de empacho de aire libre y rendido por la procesión de la naturaleza.

Justina resucitaba al verse bajo el techo de la calle, la capa azul
10 del sol; abría sus narices y sus ojos para beber aire y luz, le entraban ganas de rodar sobre el césped y refrescar sus mejillas contra la yerba fresca. Volvía a casa con ahorro de vida, y se acostaba para dormir el sueño bueno. La tía tornaba sonriendo a la blandura de la cama de aquella noche, y en cuanto entraban se dejaba caer en una silla
15 suspirando.

Eran también días plácidos en que el tío llevaba el jornal a su mujer. Ésta se dulcificaba al decir a la chica:

—Todo lo hago por tu bien, para hacerte mujer, pero vosotras no sabéis agradecer... te viene de casta.[17] Si volvieras al camarote del
20 borracho de tu padre, ¡cómo suspirarías por mí!

La caritativa mujer sólo veía desagradecimiento en su protegida, porque lo deseaba para que junto a la negrura de la ingratitud su caridad gris resaltara como la nieve. Merced al beneficio gratuito podía desahogar su humor contra la pobre niña, verter sobre ella la
25 desdeñosa hiel que le producía la ineptitud de su marido, y podía hablar con las comadres de lo menguado del corazón.

El primito era el único pan que apacentaba el espíritu de la niña.

—¡Marmota! Le dejas al chico y en vez de hacerle jugar juegas tú con él... así, ¿cómo te ha de querer?
30 Así le quería. Cuando las dos almas niñas se miraban por las ventanas serenas de los ojos, sonreían al verse y reían como locos, la una porque veía la otra y las dos porque se sentían una.

—Pégale, hijo mío, pégale... ¡Eh, mala! —decía la madre, mien-tras el niño pegaba a Justina en la boca que reía.

---

[15] **el grasiento pingo casero** *se refiere al sucio vestido de poco precio*
[16] **trapitos de cristianar** *los vestidos mejores y más elegantes que uno tiene*
[17] **te viene a casta** *es decir, te portas así debido a tu linaje*

El miedo a las palizas aumentó la debilidad de Justina, que rompía platos con sobrada frecuencia. El terror le arrancaba un:

—Yo no he sido...¡ha sido sin querer!

—¿Que no has sido y te lo he visto?, ¡si mientes con un descaro...!
Ya te daré yo por mentirosa...

La mentira del miedo se le hizo connatural.[18]

—Yo no he sido. ¡ha sido sin querer!

—¿Sin querer? El infierno está empedrado de buenas intenciones.

La niña no entendía esta blasfemia triste, pero prefería ser
golpeada sin riña, a que la caritativa tía le riñera sin pegarle, porque
sus palabras, al razonar a su modo las palizas, eran vinagre con sal
vertido a las heridas abiertas en el alma de la niña. El dolor del
cuerpo lo soportaba como se soporta una enfermedad crónica.

Tenía un día al primito en brazos y estaba mirando cómo jugaban
unas palomas en el tejado fronterizo, cuando oyó un grito:

—¡Sí, déjale caer!

El estallido de la voz temida le sobrecogió como un disparo al
oído, alargó los brazos para coger al niño y quedó fría, con el alma
muerta en los ojos petrificados.

En el vapor de la sangre que vomitaba se le fue la vida al niño.

Oyó Justina chillidos sin lágrimas como de un alma desgarrada a
tiras,[19] ayes agudísimos que iban a hacer acerico de su corazoncito.
Y luego:

—¡Quitadme esa chiquilla de delante que si no la mato!

*   *   *

—¿Qué has hecho, condenada? —le dijo su madre al recogerla.

La muerte pesaba sobre el alma de Justina. Pasó días de mucho
oscuro y frío en el alma, días en que sentía el frío del cuerpo del
borracho con el vaho de la humeante sangre del niño. Muy a menudo
el corazón le quitaba el sentido.

Entró de criada, pero como rompía muchos cacharros, tuvo que
cambiar muchas casas.

Un día, en la calle, unos ojos francos se fijaron en sus ojos muertos;

[18] **la mentira ... connatural** *quiere decir que se acostumbró a mentir por miedo*
[19] **desgarrada a tiras** = despedazada

volvió a encontrarlos, se dejó acompañar más tarde del cortejo, y resolvieron casarse. El día de su liberación llegaba.

Se casó. El buen marido le entregaba los ahorros; reía cuando se rompía un plato, porque conocía la vida de su mujer.

Quedó encinta y fue atroz el embarazo. Su cabeza se llenaba de fantasmas y de sobresaltos su corazón, le subía a aquélla el ardor de la sangre derramada y le penetraba en éste el frío del cuerpo del borracho.

Dio a luz.[20] Temblaba al coger en brazos las carnecillas fláccidas del hijo de sus entrañas, al amamantarlo y creía oír mezcladas en una voz el «Sí, déjalo caer» de su tía, y el «¿qué has hecho, condenada?», de su madre.

Un día hizo trizas[21] un cazo, y el marido, displicente a causa de una jaqueca, exclamó:

—¡Ni para platos ganamos!

Aquella noche, al ir a acostarlo, se le cayó el hijo y rodó por el suelo.

—¡Yo no he sido... ha sido sin querer! —gritó, sin conciencia y con los ojos fijos en el niño que, ileso, sonreía.

El corazón le quitó el sentido.

Desde entonces lloró mucho el pobre obrero al verse solo con aquella sombra que parecía la muerte que habitara su casa, y desde entonces los ojos de Justina miraron inmóviles el vacío, mientras que sus labios sólo se abrían para decir, presa de pavor, a la sonrisa de su hijo:

—¡Yo no he sido..., ha sido sin querer!

I. Preguntas

1. Describa el hogar en el que fue criada Justina.
2. ¿Cómo era su padre?
3. ¿En qué empleaba Justina el tiempo de su niñez?

[20] **dio a luz** = partió, dio nacimiento al hijo
[21] **hizo trizas** = rompió a pedazos

4. ¿Qué le hizo el padre al descubrir lo del pucherito?
5. ¿De qué murió el padre?
6. Describa la actitud de la tía hacia Justina.
7. ¿Qué tipo de hombre era el tío?
8. ¿Por qué a Justina le gustaba salir de paseo algunos domingos?
9. Parece que a la tía le complacía la ingratitud de Justina. ¿Por qué?
10. ¿Cuál es la intención del autor al llamar a la tía una persona caritativa?
11. ¿Cómo era la relación entre Justina y su primito?
12. ¿Cómo murió el primo de Justina y qué tenía que ver ella con su muerte?
13. Explique lo que quiere decir la frase: «Muy a menudo el corazón le quitaba el sentido.»
14. ¿Qué le pasó a Justina cuando se le cayó su propio hijo?
15. Describa las sucesivas etapas por las que pasó Justina en el proceso de su desintegración mental.

II. Enriquecimiento de vocabulario

A. *Escoja la palabra que corresponde a cada definición.*

1. Susto o temor repentino.	disparo
2. Sonido fuerte y agudo emitido por la boca.	chillido
	niñera
3. Lo que gana un obrero por cada día de trabajo.	paliza
	sobresalto
4. Conjunto de golpes dados a una persona.	ahorro
5. Muchacha de servicio encargada del cuidado de los niños.	blandura
	arruga
	jornal
	basura

B. *Escoja el adjetivo que corresponde como sinónimo a la palabra en cursiva en cada oración. Haga los cambios necesarios de género y número.*

1. Toda la administración está *podrida*.	gratuito
2. Estoy *harto* de oír tus quejas.	derramado
3. *Vertida* la leche, nos pusimos a llorar.	cansado
	caro
4. Ese niño tiene un carácter *plácido*.	errante
5. Me has ofendido con esa actitud tan *desdeñosa*.	corrompido
	despreciable
	agudo
	apacible
	caritativo

C. *Escoja el sustantivo que corresponde como sinónimo a la palabra en cursiva en cada oración. Haga los cambios necesarios de género y número.*

1. Las chiquillas tienen miedo a la *culebra*.
2. Con esta *penuria* de medios económicos, es difícil vivir.
3. Sentémonos un rato en el *césped*.
4. Tuvo el *descaro* de taparse los oídos.
5. No salí ileso de mi *riña* con el jefe.

blandura
cortejo
hierba
serpiente
puñetazo
escasez
disputa
insolencia
puchero
estallido

D. *Exprese en español las oraciones siguientes usando los modismos que corresponden a las palabras en cursiva.*

1. *I'm fed up with* this noise and confusion.
2. *Due to* these circumstances, we'll have to suspend class.
3. I'm sorry to tell you that all of our food has *spoiled*.
4. *Thanks to* your help, we'll arrive on time.
5. *Better* to love and lose than never love at all.

a causa de
dar a luz
estar harto de
por otra parte
merced a
tener cuidado
más vale
a lo mejor
echar a perder
desde entonces

III. Ejercicios de oraciones

A. *Llene el espacio en blanco con el sustantivo apropiado.*

1. La vieja tenía muchas ____ en la cara.
2. Hay que limpiar el suelo con los ____.
3. Los pasajeros del barco dormirán en el ____.
4. A Juan le hace falta un ____ para limpiarse la nariz.
5. Después de cenar, tiramos la ____ a los cerdos.

trapos
pañuelo
basura
jaqueca
arrugas
postre
patadas
obreros
camarote
paliza

B. *Llene el espacio en blanco con el verbo apropiado conjugándolo según convenga.*

1. Si quieres entrar, ____ el botón del timbre.
2. Hijo, no me gusta que ____ la comida con tanto ruido.
3. Los cerdos están ____ porque tienen hambre.
4. A menudo ella ____ su pena llorando.
5. No sé cómo pueden ____ este olor.

gruñir
marear
pegar
apretar
criar
soportar
aturdir
mascar
suspirar
desahogar

IV. Repaso de verbos

Exprese en español las oraciones siguientes usando los verbos a la derecha.

1a. Don't meddle in our affairs.   *meterse en*
 b. I'm sorry to interfere with your plans.

2a. It smells like rotten eggs in here.   *oler a*
 b. Why do your clothes smell like wine?

3a. We've gotten weary of so much work.   *cansarse*
 b. I'm getting tired of repeating the same thing.

4a. Get dressed quickly; it's time to go!   *vestirse*
 b. He's old enough to dress himself.

5a. Why are you so inattentive in this class?   *distraerse*
 b. I was absent-minded and dropped the baby.

V. Temas para conversación o composición

1. Las circunstancias que contribuyeron a la locura de Justina.
2. El dolor que se siente en la miseria al recordar una época feliz.
3. Cómo se compensa una falta de cariño en la vida.
4. El papel de la madre: su carácter y debilidad.
5. El papel de la tía: su carácter y culpa.

BALDOMERO LILLO

La compuerta número 12

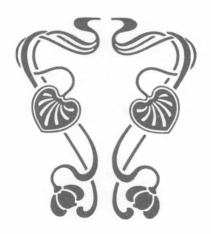

BALDOMERO LILLO

(1867–1923)

While over fifty years have passed since the death of Baldomero Lillo, the Chilean's name continues to be venerated throughout the Hispanic world. Lillo has the distinct honor of having vitalized the social consciousness of an entire nation by the force and effectiveness of his short stories. With the publication in 1904 of Sub Terra, *a collection of eight realistic tales protesting the cruelty and exploitation of coal miners, Lillo inaugurated in Chile a literature of strong narrative power in the tradition of the French naturalists, attempting to awaken his reading public to an urgency for social reform. It is to Lillo's credit that his anger infuses each narrative with lively dramatic intensity without intruding upon the artistic merit of the composition. "He cries in protest," declares Anderson-Imbert, "but his protest does not remain an outcry, it becomes literature."*

Lillo learned his craft well and early. As a boy he listened to his father's experiences of mining in California; he read with delight the stories of Bret Harte; he observed the daily hardships of broken, disheartened men who spent every daylight hour in dark mine shafts far beneath the ground. Lillo himself had worked in the mines, but his health was so precarious, his physical frame so debilitated by rickets and incipient tuberculosis, that he was obliged to witness other men's afflictions from across the counter of a general store which he managed in the center of a small mining community.

The long cold nights in southern Chile afforded Lillo an opportunity to read his favorite authors: Zola, Tolstoy, Dostoevski. Impressed by these literary models and repulsed by the wretchedness of social conditions in his own locale, Lillo began to write. Occasionally, his timid, silent, and vacillating nature gave way to momentary displays of indignation in public. Consumed with anger, his health in peril, Lillo abandoned the mining district for Santiago. There, in the capital, his younger brother Samuel, a poet of considerable reputation and a professor of law at the university, arranged a suitable job for Baldomero in the publications office of the university. It was at this post that Lillo came in contact with books, journals, and periodicals which stimulated and enhanced his writing career. It was only a few years, however, before his body was so irremediably wracked by chronic pulmonary tuberculosis that he was granted official retirement at the age of 50. He died five years later.

Lillo cared little for any genre other than the short story. Later in his life he did attempt to write a novel, but his failing health in combination with an increasing lack of self-confidence militated against its completion beyond two chapters. He wrote and published forty-eight short stories in his lifetime, but did not take up writing seriously until he was thirty-seven. Most of his short stories are structured, as Eduardo Barrios states, "with wise, careful, even treacherous calculation, in order to bring anguish to the reader, rending him, carrying him to the limits of torture." Out of this "cruel" intent, Barrios observes, "is born the imperishable aesthetic emotion that his work transmits to us." We would probably hate the author were it not for the fact that beneath all the painful details and tragic elements, Lillo's bitterness is mellowed by a current of love—love for the invalids, the orphans, the widows, the heartsick laborers of the real world of his life and the very real, dramatic world of his fiction.

Lillo's stories of social protest contain a curious amalgam of Maupassant's dry objectivism and Dostoevski's compassion for human suffering. This is especially evident in "La compuerta número 12," wherein the author's exasperation over the pitiless cruelty imposed upon children in the mining regions of Chile is mitigated by his stark adherence to the sobriety of a naturalistic literary posture.

Our sympathies clearly attend Pablo's father in his constant state of helplessness, in the sense of futility with which he looks to the future, and in the angry resignation by which he must subject his son to the horrors of the mine. The pain he experiences upon hearing Pablo's voice and in having to tie the boy down, a pain we vividly perceive in the manifestation of his frustration upon abandoning Pablo, provides the reader with a profound and lasting esthetic response to one of the great short stories from Latin America.

This story first appeared in the 1904 edition of Sub Terra, *a collection which originally consisted of eight stories and was later expanded to include five more.*

La compuerta número 12

PABLO SE AFERRÓ INSTINTIVAMENTE A LAS PIERNAS DE SU padre. Zumbábanle los oídos y el piso que huía debajo de sus pies le producía una extraña sensación de angustia. Creíase precipitado en aquel agujero cuya negra abertura había entrevisto al penetrar en la jaula, y sus grandes 5 ojos miraban con espanto las lóbregas paredes del pozo en el que se hundían con vertiginosa rapidez. En aquel silencioso descenso sin trepidación ni más ruido que el del agua goteando sobre la techumbre de hierro las luces de las lámparas parecían prontas a extinguirse y a sus débiles destellos se delineaban vagamente en la penumbra las 10 hendiduras y partes salientes de la roca: una serie interminable de negras sombras que volaban como saetas hacia lo alto.

BALDOMERO LILLO

Pasado un minuto, la velocidad disminuyó bruscamente, los pies asentáronse con más solidez en el piso fugitivo y el pesado armazón de hierro, con un áspero rechinar de goznes y de cadenas, quedó inmóvil a la entrada de la galería.

El viejo tomó de la mano al pequeño y juntos se internaron en el negro túnel. Eran de los primeros en llegar y el movimiento de la mina no empezaba aún. De la galería bastante alta para permitir al minero erguir su elevada talla, sólo se distinguía parte de la techumbre cruzada por gruesos maderos. Las paredes laterales permanecían invisibles en la oscuridad profunda que llenaba la vasta y lóbrega excavación.

A cuarenta metros del pique se detuvieron ante una especie de gruta excavada en la roca. Del techo agrietado, de color de hollín, colgaba un candil de hoja de lata cuyo maciliento resplandor daba a la estancia la apariencia de una cripta enlutada y llena de sombras. En el fondo, sentado delante de una mesa, un hombre pequeño, ya entrado en años, hacía, anotaciones en un enorme registro. Su negro traje hacía resaltar la palidez del rostro surcado por profundas arrugas. Al ruido de pasos levantó la cabeza y fijó una mirada interrogadora en el viejo minero, quien avanzó con timidez, diciendo con voz llena de sumisión y de respeto:

—Señor, aquí traigo el chico.

Los ojos penetrantes del capataz abarcaron de una ojeada el cuerpecillo endeble del muchacho. Sus delgados miembros y la infantil inconsciencia del moreno rostro en el que brillaban dos ojos muy abiertos como de medrosa bestezuela,[1] lo impresionaron desfavorablemente, y su corazón endurecido por el espectáculo diario de tantas miserias, experimentó una piadosa sacudida a la vista de aquel pequeñuelo arrancado a sus juegos infantiles y condenado, como tantas infelices criaturas, a languidecer miserablemente en las húmedas galerías, junto a las puertas de ventilación. Las duras líneas de su rostro se suavizaron y con fingida aspereza le dijo al viejo que muy inquieto por aquel examen fijaba en él una ansiosa mirada.

—¡Hombre! este muchacho es todavía muy débil para el trabajo. ¿Es hijo tuyo?

---

[1] **como de medrosa bestezuela** = como un animal asustado

–Sí, señor.

—Pues debías tener lástima de sus pocos años y antes de enterrarlo aquí enviarlo a la escuela por algún tiempo.

—Señor —balbuceó la voz ruda del minero en la que vibraba un acento de dolorosa súplica—, somos seis en casa y uno solo el que trabaja, Pablo cumplió ya los ocho años y debe ganar el pan que come y, como hijo de mineros, su oficio será el de sus mayores, que no tuvieron nunca otra escuela que la mina.

Su voz opaca y temblorosa se extinguió repentinamente en un acceso de tos, pero sus ojos húmedos imploraban con tal insistencia, que el capataz vencido por aquel mudo ruego llevó a sus labios un silbato y arrancó de él un sonido agudo que repercutió a lo lejos en la desierta galería. Oyóse un rumor de pasos precipitados y una oscura silueta se dibujó en el hueco de la puerta.

—Juan —exclamó el hombrecillo, dirigiéndose al recién llegado— lleva este chico a la compuerta número doce. Reemplazará al hijo de José, el carretillero, aplastado ayer por la corrida.[2]

Y volviéndose bruscamente hacia el viejo, que empezaba a murmurar una frase de agradecimiento, díjole con tono duro y severo:

—He visto que en la última semana no has alcanzado a los cinco cajones que es el mínimun diario que se exige de cada barretero. No olvides que si esto sucede otra vez, será preciso darte de baja[3] para que ocupe tu sitio otro más activo.

Y haciendo con la diestra un ademán enérgico, lo despidió.

Los tres se marcharon silenciosos y el rumor de sus pisadas fue alejándose poco a poco en la oscura galería. Caminaban entre dos hileras de rieles cuyas traviesas hundidas en el suelo fangoso trataban de evitar alargando o acortando el paso, guiándose por los gruesos clavos que sujetaban las barras de acero. El guía, un hombre joven aún, iba delante y más atrás con el pequeño Pablo de la mano seguía el viejo con la barba sumida en el pecho, hondamente preocupado. Las palabras del capataz y la amenaza en ellas contenida habían llenado de angustia su corazón. Desde algún tiempo su

---

[2] **aplastado ayer por la corrida** *es decir, que el pesado tren cargado de carbón había matado al muchacho*

[3] **será preciso darte de baja** = será necesario echarte, expulsarte

decadencia era visible para todos; cada día se acercaba más el fatal lindero que una vez traspasado convierte al obrero viejo en un trasto inútil dentro de la mina. En balde desde el amanecer hasta la noche durante catorce horas mortales, revolviéndose como un reptil en la
5 estrecha labor atacaba la hulla furiosamente, encarnizándose contra el filón inagotable[4] que tantas generaciones de forzados como él arañaban sin cesar en las entrañas de la tierra.

Pero aquella lucha tenaz y sin tregua convertía muy pronto en viejos decrépitos a los más jóvenes y vigorosos. Allí en la lóbrega
10 madriguera húmeda y estrecha, encorvábanse las espaldas y aflojábanse los músculos y, como el potro resabiado[5] que se estremece tembloroso a la vista de la vara, los viejos mineros cada mañana sentían tiritar sus carnes al contacto de la vena. Pero el hambre es aguijón más eficaz que el látigo y la espuela, y reanudaban taciturnos
15 la tarea agobiadora, y la veta entera caribillada por mil partes por aquella carcoma humana, vibraba sutilmente, desmoronándose pedazo a pedazo, mordida por el diente cuadrangular del pico, como la arenisca de la ribera a los embates del mar.

La súbita detención del guía arrancó al viejo de sus tristes cavi-
20 laciones. Una puerta les cerraba el camino en aquella dirección, y en el suelo arrimado a la pared había un bulto pequeño cuyos contornos se destacaron confusamente heridos por las luces vacilantes de las lámparas: era un niño de diez años acurrucado en un hueco de la muralla.

25 Con los codos en las rodillas y el pálido rostro entre las manos enflaquecidas, mudo e inmóvil, pareció no percibir a los obreros que traspusieron el umbral y lo dejaron de nuevo sumido en la oscuridad. Sus ojos abiertos, sin expresión, estaban fijos obstinadamente hacia arriba, absortos tal vez, en la contemplación de un panorama imagi-
30 nario que, como el miraje del desierto, atraía sus pupilas sedientas de luz, húmedas por la nostalgia del lejano resplandor del día.

Encargado del manejo de esa puerta, pasaba las horas interminables de su encierro sumergido en un ensimismamiento doloroso, abrumado por aquella lápida enorme que ahogó para siempre en

---

[4] **encarniznádose contra el filón inagotable** = arrojándose desesperadamente contra la vena inextinguible
[5] **potro resabiado** *un caballo joven que ha adquirido una mala costumbre*

él la inquieta y grácil movilidad de la infancia, cuyos sufrimientos dejan en el alma que los comprende una amargura infinita y un sentimiento de execración acerbo por el egoísmo y la cobardía humanos.

Los dos hombres y el niño después de caminar algún tiempo por un estrecho corredor, desembocaron en una alta galería de arrastre de cuya techumbre caía una lluvia continua de gruesas gotas de agua. Un ruido sordo y lejano, como si un martillo gigantesco golpease sobre sus cabezas la armadura del planeta, escuchábase a intervalos. Aquel rumor, cuyo origen Pablo no acertaba a explicarse, era el choque de las olas en las rompientes de la costa. Anduvieron aún un corto trecho y se encontraron por fin delante de la compuerta número doce.

—Aquí es —dijo el guía, deteniéndose junto a la hoja de tablas que giraba sujeta a un marco de madera incrustado en la roca.

Las tinieblas eran tan espesas que las rojizas luces de las lámparas, sujetas a las viseras de las gorras de cuero, apenas dejaban entrever aquel obstáculo.

Pablo, que no se explicaba ese alto repentino, contemplaba silencioso a sus acompañantes, quienes, después de cambiar entre sí algunas palabras breves y rápidas, se pusieron a enseñarle con jovialidad y empeño el manejo de la compuerta. El rapaz, siguiendo sus indicaciones, la abrió y cerró repetidas veces, desvaneciendo la incertidumbre del padre que temía que las fuerzas de su hijo no bastasen para aquel trabajo.

El viejo manifestó su contento, pasando la callosa mano por la inculta cabellera de su primogénito, quien hasta allí no había demostrado cansancio ni inquietud. Su juvenil imaginación impresionada por aquel espectáculo nuevo y desconocido se hallaba aturdida, desorientada. Parecíale a veces que estaba en un cuarto a oscuras y creía ver a cada instante abrirse una ventana y entrar por ella los brillantes rayos del sol, y aunque su inexperto corazoncillo no experimentaba ya la angustia que le asaltó en el pozo de bajada, aquellos mimos y caricias a que no estaba acostumbrado despertaron su desconfianza.

Una luz brilló a lo lejos en la galería y luego se oyó el chirrido de las ruedas sobre la vía, mientras un trote pesado y rápido hacía retumbar el suelo.

—¡Es la corrida! —exclamaron a un tiempo los dos hombres.

—Pronto, Pablo —dijo el viejo—, a ver cómo cumples tu obligación.

5   El pequeño con los puños apretados apoyó su diminuto cuerpo
contra la hoja que cedió lentamente hasta tocar la pared. Apenas
efectuada esta operación, un caballo oscuro, sudoroso y jadeante,
cruzó rápido delante de ellos, arrastrando un pesado tren cargado de
mineral.

10   Los obreros se miraron satisfechos. El novato era ya un portero
experimentado, y el viejo, inclinando su alta estatura, empezó a
hablarle zalameramente: él no era ya un chicuelo, como los que
quedaban allá arriba que lloran por nada y están siempre cogidos
de las faldas de las mujeres, sino un hombre, un valiente, nada
15   menos que un obrero, es decir, un camarada a quien había que
tratar como tal. Y en breves frases le dio a entender que les era
forzoso dejarlo solo; pero que no tuviese miedo, pues había en la
mina muchísimos otros de su edad, desempeñando el mismo trabajo;
que él estaba cerca y vendría a verlo de cuando en cuando, y una
20   vez terminada la faena regresarían juntos a casa.

Pablo oía aquello con espanto creciente y por toda respuesta se
cogió con ambas manos de la blusa del minero. Hasta entonces no se
había dado cuenta exacta de lo que se exigía de él. El giro inesperado
que tomaba lo que creyó un simple paseo, le produjo un miedo
25   cerval, y dominado por un deseo vehementísimo de abandonar
aquel sitio, de ver a su madre y a sus hermanos y de encontrarse
otra vez a la claridad del día, sólo contestaba a las afectuosas razones
de su padre con un ¡vamos! quejumbroso y lleno de miedo. Ni
promesas ni amenazas lo convencían, y el ¡vamos, padre!, brotaba de
30   sus labios cada vez más dolorido y apremiante.

Una violenta contrariedad se pintó en el rostro del viejo minero;
pero al ver aquellos ojos llenos de lágrimas, desolados y suplicantes,
levantados hacia él, su naciente cólera se trocó en una piedad infinita:
¡era todavía tan débil y pequeño! Y el amor paternal adormecido en
35   lo íntimo de su ser recobró de súbito su fuerza avasalladora.

El recuerdo de su vida, de esos cuarenta años de trabajos y sufrimientos se presentó de repente a su imaginación, y con honda

congoja comprobó que de aquella labor inmensa sólo le restaba un cuerpo exhausto que tal vez muy pronto arrojarían de la mina como un estorbo, y al pensar que idéntico destino aguardaba a la triste criatura, le acometió de improviso un deseo imperioso de disputar su presa a ese monstruo insaciable, que arrancaba del regazo de las madres los hijos apenas crecidos para convertirlos en esos parias, cuyas espaldas reciben con el mismo estoicismo el golpe brutal del amo y las caricias de la roca en las inclinadas galerías.

Pero aquel sentimiento de rebelión que empezaba a germinar en él se extinguió repentinamente ante el recuerdo de su pobre hogar y de los seres hambrientos y desnudos de los que era el único sostén, y su vieja experiencia le demostró lo insensato de su quimera. La mina no soltaba nunca al que había cogido, y como eslabones nuevos que se sustituyen a los viejos y gastados de una cadena sin fin, allí abajo los hijos sucedían a los padres, y en el hondo pozo el subir y bajar de aquella marea viviente no se interrumpiría jamás. Los pequeñuelos respirando el aire emponzoñado de la mina crecían raquíticos, débiles, paliduchos, pero había que resignarse, pues para eso habían nacido.

Y con resuelto además el viejo desenrolló de su cintura una cuerda delgada y fuerte y a pesar de la resistencia y súplicas del niño lo ató con ella por mitad del cuerpo y aseguró, en seguida, la otra extremidad en un grueso perno incrustado en la roca. Trozos de cordel adheridos a aquel hierro indicaban que no era la primera vez que prestaba un servicio semejante.

La criatura medio muerta de terror lanzaba gritos penetrantes de pavorosa angustia, y hubo que emplear la violencia para arrancarla de entre las piernas del padre, a las que se había asido con todas sus fuerzas. Sus ruegos y clamores llenaban la galería, sin que la tierna víctima, más desdichada que el bíblico Isaac, oyese una voz amiga que detuviera el brazo paternal armado contra su propia carne, por el crimen y la iniquidad de los hombres.

Sus voces llamando al viejo que se alejaba tenían acentos tan desgarradores, tan hondos y vibrantes, que el infeliz padre sintió de nuevo flaquear su resolución. Mas, aquel desfallecimiento sólo duró un instante, y tapándose los oídos para no escuchar aquellos gritos que le atenaceaban las entrañas,[6] apresuró la marcha apartándose de aquel sitio. Antes de abandonar la galería, se detuvo un instante, y escuchó: una vocecilla tenue como un soplo clamaba allá muy lejos, debilitada por la distancia:

5 —¡Madre! ¡Madre!

Entonces echó a correr como un loco, acosado por el doliente vagido, y no se detuvo sino cuando se halló delante de la vena, a la vista de la cual su dolor se convirtió de pronto en furiosa ira y, empuñando el mango del pico, la atacó rabiosamente. En el duro
10 bloque caían los golpes como espesa granizada sobre sonoros cristales, y el diente de acero se hundía en aquella masa negra y brillante, arrancando trozos enormes que se amontonaban entre las piernas del obrero, mientras un polvo espeso cubría como un velo la vacilante luz de la lámpara.

15 Las cortantes aristas del carbón volaban con fuerza, hiriéndole el rostro, el cuello y el pecho desnudo. Hilos de sangre mezclábanse al copioso sudor que inundaba su cuerpo, que penetraba como una cuña en la brecha abierta, ensanchándose con el afán del presidiario que horada el muro que lo oprime; pero sin la esperanza que alienta
20 y fortalece al prisionero: hallar al fin de la jornada una vida nueva, llena de sol, de aire y de libertad.

I. Preguntas

1. ¿Por qué sentía el niño tanto temor al bajar a la entrada de la galería?
2. ¿Quién era el hombre que hacía anotaciones en el registro?
3. Describa la apariencia física de Pablo.
4. ¿Cómo reaccionó el capataz al ver a Pablo?
5. ¿Por qué era necesario que trabajara Pablo en la mina?
6. ¿Cuál ha de ser el trabajo asignado al niño?
7. Según el capataz, ¿qué tendrá que hacer el padre para no perder su empleo?
8. ¿Qué efecto han tenido los cuarenta años de labor en la salud del padre?

[6] **le atenaceaban las entrañas** = le torturaban el corazón

9. ¿Qué hacía en el túnel el niño de diez años?

10. ¿De dónde provenía el ruido sordo y lejano que se escuchaba a intérvalos?

11. Explique por qué las caricias del padre despertaron en Pablo un sentido de desconfianza.

12. ¿Cómo reaccionó Pablo cuando se dio cuenta de que le iba a dejar solo?

13. ¿Qué fue lo que le detuvo al padre de rebelarse contra la crueldad del trabajo?

14. ¿Qué hizo el padre con la cuerda que se sacó de la cintura?

15. Explique por qué, al final del cuento, trabajaba tan furiosamente el padre.

II. Enriquecimiento de vocabulario

A. *Escoja la palabra que corresponde a cada definición.*

1. Persona que dirige y vigila un grupo de obreros.
2. Una ilusión que se propone a la imaginación como posible o verdadera, pero en realidad no lo es.
3. Hoyo profundo por donde se baja a una mina.
4. Luz muy intensa que sale de algún sitio.
5. Toque suave con la mano con que se muestra cariño a alguien.

amenaza
quimera
congoja
resplandor
caricia
jaula
pozo
látigo
capataz
embate

B. *Escoja el adjetivo que corresponde como sinónimo a la palabra en cursiva en cada oración. Haga los cambios necesarios de género y número.*

1. Es una niña alta y *flaca*.
2. Era un joven *endeble* y medroso.
3. Estamos *aturdidos* con tantas cosas que hacer.
4. No me llevo bien con ella porque es una joven muy *taciturna*.
5. No es posible que te vean hoy porque andan muy *atareados*.

eficaz
débil
repentino
ocupado
delgado
grueso
callado
insensato
perturbado
saliente

C. *Escoja el sustantivo que corresponde como sinónimo a la palabra en cursiva en cada oración. Haga los cambios necesarios de género y número.*

1. No puedo jugar porque no he terminado la *faena* todavía.
2. ¿Oiste la *súplica* lastimosa del niño?
3. Destrozó la máquina en un arrebato de *ira*.
4. Tu desconfianza representa un verdadero *estorbo*.
5. Me echó una *ojeada* de amenaza.

ademán
sacudida
trabajo
obstáculo
gruta
ruego
mimo
mirada
cólera
agujero

D. *Exprese en español las oraciones siguientes usando los modismos que corresponden a las palabras en cursiva.*

1. You are doing all that work *in vain*.
2. She's going to get married *in spite of* her parents.
3. The discovery was made *unexpectedly*.
4. If it weren't for the lantern, we'd have to go *in the dark*.
5. *It's necessary* for you to arrive early.

es preciso
dar de baja
en balde
es a saber
a oscuras
tener en poco
de improviso
sin tregua
a pesar de
sobre manera

III. Ejercicios de oraciones

A. *Llene el espacio en blanco con el sustantivo apropiado.*

1. ¿Quién está encargado del ___ de estas máquinas?
2. Al bajar al sótano, oímos el áspero rechinar de ___.
3. El capataz arrancó del ___ un sonido agudo.
4. El niño estaba sentado con los ___ en las rodillas.
5. Estos vasos hay que limpiarlos con ___.

cadenas
codos
aspereza
silbato
mimo
techumbres
manejo
rapaz
eslabón
destellos

B. *Llene el espacio en blanco con el verbo apropiado conjugándolo según convenga.*

1. La noticia que recibí esta mañana ⸺ mi marcha.
2. Desde hoy yo te ⸺ en el cargo de director.
3. La caída de las rocas ha ⸺ a los mineros.
4. Me alegro mucho de que tu hijo ⸺ el cargo de secretario.
5. ¡Déjenme pasar! Estoy ⸺ de frío aquí!

aplastar
prestar
reemplazar
tiritar
aferrar
precipitar
implorar
desempeñar
dibujar
exigir

IV. Repaso de verbos

Exprese en español las oraciones siguientes usando los verbos a la derecha.

1a. He was prominent in all university activities.   *destacarse*
 b. This decision will stand out as the worst of my entire life.

2a. That same car has stopped several times in front of our house.   *detenserse*
 b. I'm late because I paused to speak with her.

3a. With your charm you can transform sorrow into joy.   *convertir en*
 b. The war has made him into one of the richest men in town.

4a. I will go by your example.   *guiarse por*
 b. You must go by the boss's instructions.

5a. Did you seek the protection of your friends?   *arrimarse a*
 b. We leaned on his advice to do this task.

V. Temas para conversación o composición

1. Haga una interpretación del cuento a base de cada uno de los siguientes temas:
   a. la protesta social
   b. un estudio del miedo de un niño
   c. un estudio de la angustia de un padre

2. ¿Cuáles sentimientos tendrán las siguientes personas en cuanto a la situación lastimosa de Pablo?
    a. la madre del niño
    b. los hermanos menores de Pablo
    c. los demás niños en la mina
3. ¿Hizo mal el padre en atar al niño? Explique.
4. ¿Cuáles son algunos de los problemas que se enfrentan hoy en el mundo y que provienen de la necesidad?
5. Discuta la técnica narrativa que emplea Lillo:
    a. ¿Cómo presenta la situación?
    b. ¿Dónde aparece la crisis?
    c. ¿Cómo desarrolla el desenlace trágico?

I I

IGNACIO ALDECOA

La despedida

IGNACIO ALDECOA

(1925–1969)

     The untimely death of Ignacio Aldecoa at the age of forty-four deprived Spanish letters of one of the finest prose writers since Pérez Galdós. From the beginning of his literary career, Aldecoa surprised and impressed his contemporaries with a style of extraordinary richness and maturity. Following the publication of two volumes of poetry, he devoted the last fifteen years of his life to the writing of over one hundred brilliant short narratives and four memorable novels that were meant to comprise a series of three projected but unfinished trilogies. At the time of his death he had all but entered into the vestibule of his fame, prompting noted critics to compare him with Chekhov, Maupassant, and Clarín, and impelling many admiring readers to turn to his prose fiction for an authentic affirmation of human experiences.

     Aldecoa's interest in people was of greater importance to him than any concern with the past or prevailing currents of literary form. At the age of seventeen, during his two terms of undergraduate work in the Facultad de Artes y Letras at the University of Salamanca, he first displayed his unusual predilection for those patient, abject, afflicted individuals of society who in time were to inhabit the pages of his novels and short stories. He eschewed seminars and lectures, avoided theater productions, and disdained formal gatherings in favor of frequent visits to meet with old people, indigent laborers, and commoners of Salamanca's old " barrios." He delighted in reporting to his curious colleagues that he had been spending his many extra-curricular hours among thieves, beggars, gamblers, and sinners, enjoying the company of intelligent dissipates.

     Aldecoa's curiosity was often aroused to investigate in depth the lives and professions of human beings whose personal problems, failings, hopes, and fears he depicted in his masterpieces of fiction. He spent several months aboard a Spanish fishing boat off the coast of Ireland in order to write his novel Gran Sol. *He researched the mysterious and hermetic world of gypsies and the hostile climate of Madrid's criminal quarters to describe an alienated fugitive's adventures in* Con el viento solano. *He likewise probed the sufferings and aspirations of boxers, bullfighters, peddlers, railroad employees, truck drivers, peasants, woodcutters, etc., searching constantly for that human element that binds individuals together with a sense of love, trust, or dignity. It has been said that if all of Aldecoa's characters were gathered into one gallery of human types, they would form a kaleidoscope of all the humble people of Spain.*

The short story is Aldecoa's best medium for literary expression. Indeed, even his lengthy novels can be read as a series of successive, fragmented narratives, for they abound in an exquisite concatenation of abbreviated tales held together by threads of subtlety and insinuation. He features situations viewed over clear plot lines, developing each episode with a soft but dramatic vagueness which always manages to exalt the human solidarity underlying the suffering of poor, desperate people.

Aldecoa is not a writer of social protest. People live, suffer, and die in his stories with the author's interest focused solely on the human predicament, not on the social or political circumstances which may have occasioned their troubles, alienation, or abandonment. Above all, Aldecoa is removed from the scene. His characters are portrayed with tenderness and compassion, sometimes with a light touch of pessimism, but, as Anderson-Imbert and Lawrence Kiddle have remarked, they have a convincing human quality, "as if they had entered onto the pages directly from life. One feels they are near by, with all of their human realism."

Unlike most of the selections in this reader, "La despedida" develops in the calm and gentle atmosphere of human solidarity, while conveying a sense of sadness and of the monotony of life. Aldecoa's narrative is more than half over before we meet his central figure, an old man whose precarious state of health obliges him to leave his beloved companion for the first time in their married life. Before the old man's appearance, we are introduced through the impressive medium of visual realism to the presence of several strangers traveling together on a Spanish train. Into the atmosphere of their casual acquaintance comes the old man, and in this instance we experience the conversion of an ordinary situation into a moving human drama wherein the gaps of age, sex, and misunderstanding are miraculously bridged. It is perhaps by this reaffirmation of the worth of individual human beings that Ignacio Aldecoa's widow, Josefina Rodríguez de Aldecoa, has felt prompted to remark that of all her husband's short stories, "La despedida" is by far her favorite.

This story appears in Aldecoa's last short story collection, Santa Olaja de Acero, *published by Madrid's Alianza Editorial in 1968.*

La despedida

A TRAVÉS DE LOS CRISTALES DE LA PUERTA DEL DE-
partamento y de la ventana del pasillo, el cinemático
paisaje era una superficie en la que no penetraba la
mirada; la velocidad hacía simple perspectiva de la
hondura. Los amarillos de las tierras paniegas, los grises del gredal y   5
el almagre de los campos lineados por el verdor acuoso de las viñas
se sucedían monótonos como un traqueteo.

En la siestona tarde de verano, los viajeros apenas intercambiaban desganadamente suspensivos retazos de frases.[1] Daba el sol en la ventanilla del departamento y estaba bajada la cortina de hule.

El son de la marcha desmenuzaba y aglutinaba el tiempo; era un reloj y una salmodia.[2] Los viajeros se contemplaban mutuamente
5 sin curiosidad y el cansino aburrimiento del viaje les ausentaba de su casual relación. Sus movimientos eran casi impúdicamente familiares, pero en ellos había hermetismo y lejanía.

Cuando fue disminuyendo la velocidad del tren, la joven sentada junto a la ventanilla, en el sentido de la marcha,[3] se levantó y alisó
10 su falda y ajustó su faja con un rápido movimiento de las manos, balanceándose, y después se atusó el pelo de recién despertada, alborotado, mate y espartoso.[4]

—¿Qué estación es ésta, tía? —preguntó.

Uno de los tres hombres del departamento le respondió antes que
15 la mujer sentada frente a ella tuviera tiempo de contestar.

—¿Hay cantina?

—No, señorita. En la próxima.

La joven hizo un mohín, que podía ser de disgusto o simplemente un reflejo de conquetería, porque inmediatamente sonrió al hombre
20 que le había informado. La mujer mayor desaprobó la sonrisa llevándose la mano derecha a su roja, casi cárdena, pechuga, y su papada se redondeó al mismo tiempo que sus labios se afinaban y entornaba los párpados de largas y pegoteadas pestañas.

—¿Tiene usted sed? ¿Quiere beber un traguillo de vino? —pre-
25 guntó el hombre.

—Te sofocará —dijo la mujer mayor— y no te quitará la sed.

—¡Quiá!, señora. El vino, a pocos, es bueno.[5]

El hombre descolgó su bota del portamaletas y se la ofreció a la joven.
30 —Tenga cuidado de no mancharse —advirtió.

---

[1] **los viajeros ... frases** *es decir, que debido al calor del día, los viajeros no tenían ganas de hablarse, apenas emitiendo cortados fragmentos de frases*

[2] **era un reloj y una salmodia** *se refiere al sonido monótono que causaba aburrimiento*

[3] **en el sentido de la marcha** *ella estaba sentada de cara a la dirección de la marcha del tren*

[4] **el peso ... espartoso** *con motivo de su reciente siesta a bordo, el pelo de la señorita estaba desarreglado y enredado*

[5] **el vino, a pocos, es bueno** = un poco de vino no hace daño

La mujer mayor revolvió en su bolso y sacó un pañuelo grande como una servilleta.

—Ponte esto —ordenó—. Puedes echar a perder el vestido.

Los tres hombres del departamento contemplaron a la muchacha bebiendo. Los tres sonreían pícara y bobamente; los tres tenían sus [5] manos grandes de campesinos posadas, mineral e insolidariamente, sobre las rodillas. Su expectación era teatral, como si de pronto fuera a ocurrir algo previsto como muy gracioso. Pero nada sucedió y la joven se enjugó una gota que le corría por la barbilla a punto de precipitarse ladera abajo de su garganta hacia las lindes del verano,[6] [10] marcadas en su pecho por una pálida cenefa ribeteando el escote y contrastando con el tono tabaco de la piel soleada.

Se disponían los hombres a beber con respeto y ceremonia, cuando el traqueteo del tren se hizo más violento y los calderones de las melodías de la marcha más amplios. El dueño de la bota la [15] sostuvo cuidadosamente, como si en ella hubiera vida animal, y la apretó con delicadeza, cariciosamente.

—Ya estamos —dijo.

—¿Cuánto para aquí? —preguntó la mujer mayor.

—Bajarán mercancía y no se sabe. La parada es de tres minutos. [20]

—¡Qué calor! —se quejó la mujer mayor, dándose aire con una revista cinematográfica—. ¡Qué calor y qué asientos! Del tren a la cama...

—Antes era peor —explicó el hombre sentado junto a la puerta—. Antes, los asientos eran de madera y se revenía el pintado.[7] Antes [25] echaba uno hasta la capital cuatro horas largas, si no traía retraso.[8] Antes, igual no encontraba usted asiento y tenía que ir en el pasillo con los cestos. Ya han cambiado las cosas, gracias a Dios. Y en la guerra... En la guerra tenía que haber visto usted este tren. A cada legua le daban el parón y todo el mundo abajo.[9] En la guerra... [30]

Se quedó un instante suspenso. Sonaron los frenos del tren y fue como un encontronazo.

---

[6] **las lindes del verano** = los límites de su vestido de verano

[7] **se revenía el pintado** = se desprendía la pintura de los asientos

[8] **echaba ... retraso** = antes se hacían cuatro horas para llegar a la capital si el tren no andaba con retraso

[9] **le daban el parón ... abajo** *había una larga parada y todos los viajeros tenían que bajarse del tren*

—¡Vaya calor! —dijo la mujer mayor.

—Ahora se puede beber —afirmó el hombre de la bota.

—Traiga usted —dijo, suave y rogativamente, el que había hablado de la guerra—. Hay que quitarse el hollín. ¿No quiere usted, señora? —ofreció a la mujer mayor.

—No, gracias. No estoy acostumbrada.

—A esto se acostumbra uno pronto.

La mujer mayor frunció el entrecejo y se dirigió en un susurro a la joven; el susurro coloquial tenía un punto de menosprecio para los hombres del departamento al establecer aquella marginal intimidad. Los hombres se habían pasado la bota, habían bebido juntos y se habían vinculado momentáneamente. Hablaban de cómo venía el campo y en sus palabras se traslucía la esperanza. La mujer mayor volvió a darse aire con la revista cinematográfica.

—Ya te lo dije que deberíamos haber traído un poco de fruta —dijo a la joven—. Mira que insistió Encarna; pero tú, con tus manías...

—En la próxima hay cantina, tía.

—Ya lo he oído.

La pintura de los labios de la mujer mayor se había apagado y extendido fuera del perfil de la boca. Sus brazos no cubrían la ancha mancha de sudor axilar, aureolada del destinte de la blusa.[10]

La joven levantó la cortina de hule. El edificio de la estación era viejo y tenía un abandono triste y cuartelero. En su sucia fachada nacía, como un borbotón de colores, una ventana florida de macetas y de botes con plantas. De los aleros del pardo tejado colgaba un encaje de madera ceniciento, roto y flecoso. A un lado estaban los retretes, y al otro un tingladillo, que servía para almacenar las mercancías. El jefe de estación se paseaba por el andén; dominaba y tutelaba como un gallo, y su quepis rojo era una cresta irritada entre las gorras, las boinas y los pañuelos negros.

El pueblo estaba retirado de la estación a cuatrocientos o quinientos metros. El pueblo era un sarro que manchaba la tierra y se extendía destartalado hasta el leve henchimiento de una colina. La

[10] **la ancha mancha ... blusa** *debajo de los brazos tenía manchas de sudor, el cual había desfigurado el color de la blusa*

torre de la iglesia —una ruina erguida, una desesperada permanencia— amenazaba al cielo con su muñón. El camino calcinado, vacío y como inútil hasta el confín de azogue, atropaba las soledades de los campos.

Los ocupantes del departamento volvieron las cabezas. Forcejeaba, jadeante, un hombre en la puerta. El jadeo se intensificó. Dos de los hombres del departamento le ayudaron a pasar la cesta y la maleta de cartón atada con una cuerda. El hombre se apoyó en el marco y contempló a los viajeros. Tenía una mirada lenta, reflexiva, rastreadora. Sus ojos, húmedos y negros como limacos, llegaron hasta su cesta y su maleta, colocadas en la redecilla del portamaletas, y descendieron a los rostros y a la espera, antes de que hablara. Luego se quitó la gorrilla y sacudió con la mano desocupada su blusa.

—Salud les dé Dios —dijo, e hizo una pausa—. Ya no está uno con la edad para andar en viajes.

Pidió permiso para acercarse a la ventanilla y todos encogieron las piernas. La mujer mayor suspiró protestativamente y al acomodarse se estiró buchona.[11]

—Perdone la señora.

Bajo la ventanilla, en el andén, estaba una anciana acurrucada, en desazonada atención. Su rostro era apenas un confuso burilado de arrugas que borroneaba las facciones, unos ojos punzantes y unas aleteadoras manos descarnadas.

—¡María! —gritó el hombre—. Ya está todo en su lugar.

—Siéntate, Juan, siéntate —la mujer voló una mano hasta la frente para arreglarse el pañuelo, para palpar el sudor del sofoco, para domesticar un pensamiento—. Siéntate, hombre.

—No va a salir todavía.

—No te conviene estar de pie.

—Aún puedo. Tú eres la que debías...

—Cuando se vaya...

—En cuanto llegue iré a ver a don Cándido. Si mañana me dan plaza, mejor.

---

[11] **se estiró buchona** *es decir, ella demostró, en su modo de respirar y por medio de su comportamiento, un aire de superioridad*

—Que haga lo posible. Dile todo, no dejes de decírselo.

—Bueno, mujer.

—Siéntate, Juan.

—Falta que descarguen.[12] Cuando veas al hijo de Manuel le dices
que le diga a su padre que estoy en la ciudad. No le cuentes por qué.

—Ya se enterará.

—Cuídate mucho, María. Come.

—No te preocupes. Ahora, siéntate. Escríbeme con lo que te
digan. Ya me leerán la carta.

—Lo haré, lo haré. Ya verás cómo todo saldrá bien.

El hombre y la mujer se miraron en silencio. La mujer se cubrió
el rostro con las manos. Pitó la locomotora. Sonó la campana de la
estación. El ruido de los frenos al aflojarse pareció extender el tren,
desperezarlo antes de emprender la marcha.

—¡No llores, María! —gritó el hombre—. Todo saldrá bien.

—Siéntate, Juan —dijo la mujer, confundida por sus lágrimas—.
Siéntate, Juan —y en los quiebros de su voz había ternura, amor,
miedo y soledad.

—El tren se puso en marcha. Las manos de la mujer revolotearon
en la despedida. Las arrugas y el llanto habían terminado de borrar
las facciones.

—Adiós, María.

Las manos de la mujer respondían al adiós y todo lo demás era
reconcentrado silencio. El hombre se volvió. El tren rebasó el
tingladillo del almacén y entró en los campos.

—Siéntese aquí, abuelo —dijo el hombre de la bota, levantándose.

La mujer mayor estiró las piernas. La joven bajó la cortina de
hule. El hombre que había hablado de la guerra sacó una petaca
oscura, grande, hinchada y suave como una ubre.

—Tome usted, abuelo.

La mujer mayor se abanicó de nuevo con la revista cinematográfica y preguntó con inseguridad:

—¿Las cosechas son buenas este año?

El hombre que no había hablado a las mujeres, que solamente

---

[12] **falta que descarguen** *Juan quiere decir que se sentará cuando terminen de descargar el
tren*

había participado de la invitación al vino y de las hablas del campo, miró fijamente al anciano, y su mirada era solidaria y amiga. La joven decidió los prólogos de la intimidad compartida.[13]

—¿Va usted a que le operen?

Entonces el anciano bebió de la bota, aceptó el tabaco y comenzó 5
a contar. Sus palabras acompañaban a los campos.

—La enfermedad..., la labor..., la tierra..., la falta de dinero...; la enfermedad..., la labor..., la tierra...; la enfermedad..., la labor...; la enfermedad... La primera vez, la primera vez que María y yo nos separamos... 10

Sus años se sucedían monótonos como un traqueteo.

I. Preguntas

1. Al principio del cuento, ¿cuántas personas hay en el departamento del tren?
2. ¿Qué hace la joven cuando va disminuyendo la velocidad del tren?
3. ¿Qué hace la mujer mayor para manifestar su desaprobación con respecto a la conducta de la joven?
4. ¿Por qué no quiere la mujer mayor que la joven beba el vino?
5. ¿Con qué clase de expectación contemplan los tres hombres a la joven bebiendo? ¿Por qué?
6. Según uno de los hombres, ¿cómo eran los trenes antes?
7. ¿Por qué menospreciaba la mujer mayor a los hombres del departamento?
8. ¿De qué hablaban los hombres mientras se pasaban la bota?
9. Describa el edificio de la estación tal como lo veía la joven desde la ventanilla.
10. ¿Qué hizo el anciano al entrar en el departamento?
11. ¿Cómo era la anciana que hablaba desde el andén?
12. A báse del diálogo entre Juan y María, ¿qué se sabe en cuanto a la relación entre los dos?

[13] **la joven ... compartida** *es decir, que ella tomó por su cuenta la iniciativa de hacerle al anciano la pregunta que los demás viajeros comprendían entre sí pero por respeto no le hacían*

IGNACIO ALDECOA

13. ¿Qué le ofrecieron al anciano?
14. ¿Ha habido algún cambio en la actitud de la mujer mayor desde la llegada del anciano? Explique.
15. ¿Cuál es el efecto emocional del final del cuento?

II. Enriquecimiento de vocabulario

A. *Escoja la palabra que corresponde a cada definición.*

1. Las dos membranas que, al cerrarse, cubren los ojos.	pestañas rodillas
2. Plataforma a los lados de las vías en las estaciones del ferrocarril.	almacén párpados maceta
3. La parte del cuerpo que se extiende desde el cuello hasta el estómago.	escote andén
4. Recipiente que se emplea para poner plantas.	barba pecho portamaletas
5. La parte de la cara que está debajo de la boca.	

B. *Escoja el adjetivo que corresponde como sinónimo a la palabra en cursiva en cada oración. Haga los cambios necesarios de género y número.*

1. Por lo orgulloso que es, siempre lleva la cabeza *erguida*.	punzante reservado
2. Detrás de la estación había un jardín *destartalado*.	desordenado hinchado jadeante
3. Vimos a la pobre vieja *acurrucada* en un rincón.	encogido
4. Espero que no seas *impúdico* cuando le hables.	desvergonzado monótono levantado
5. ¿De veras son ellas tan *reconcentradas* como me lo han dicho?	gracioso

C. *Escoja el sustantivo que corresponde como sinónimo a la palabra en cursiva en cada oración. Haga los cambios necesarios de género y número.*

1. Hay una señorita que te está esperando en el *pasillo*.	demora cosecha
2. Dígale al *dueño* de esta casa que deseamos hablar con él.	contienda mohín

3. Hay que colocar · esas cajas con mucha *delicadeza* en el portamaletas.
4. El tren llegó ayer con tres horas de *retraso*.
5. Nos vinculamos en una alianza para evitar una *pelea*.

corredor
bolso
arruga
propietario
retrete
cuidado

D. *Exprese en español las oraciones siguientes usando los modismos que corresponden a las palabras en cursiva.*

1. We're *about to* inform your parents.
2. I saw her there while I was *standing* in the aisle.
3. When are they going to *get* this train *started*?
4. Open the curtains and you'll see the station *through* the window.
5. Why are you *frowning* at those men?

a través de
cumplir con
a punto de
poner 'en marcha
echar a perder
de pie
en torno de
fruncir el entrecejo
hacer cola
tener gracia

III. Ejercicios de oraciones

A. *Llene el espacio en blanco con el sustantivo apropiado.*

1. Entre españoles, las fórmulas de ____ en las cartas son muy expresivas.
2. Por el calor excesivo, salí del trabajo con mucho ____.
3. Todavía no hay ____ en la mesa.
4. ¿Por qué le hiciste un ____ de disgusto al agente?
5. No he tomado más que un ____ de vino.

cesto
jadeo
facciones
susurro
despedida
petaca
mohín
servilletas
traqueteo
trago

B. *Llene el espacio en blanco con el verbo apropiado conjugándolo según convenga.*

1. La velocidad del tren no ha ____ todavía.
2. Al ponerse de pie, la señorita se ____ la falda.
3. Nadie había ____ la catástrofe.

sofocar
palpar
revolotear
pitar

IGNACIO ALDECOA

4. El ciego andaba ____ todas las cosas en la estación.
5. La mujer ____ el entrecejo al recibir las malas noticias.

prever
apagar
fruncir
disminuir
descargar
alisar

IV. Repaso de verbos

Exprese en español las oraciones siguientes usando los verbos a la derecha.

1a. We spoke to the older woman about the problem.
b. Are you going toward the railroad station?

dirigirse a

2a. This document is based on irrefutable evidence.
b. You'll have to lean on her final decision.

apoyarse en

3a. Have they found out yet about the old man's operation?
b. Until he becomes familiar with the rules, we cannot leave him.

enterarse de

4a. As we were approaching the town, I heard the sound of bells.
b. Without saying a word, he carefully approached the girl.

acercarse a

5a. Are you worrying about those exams again?
b. If you'd only take care of these matters, we'd be able to leave sooner.

preocuparse de

V. Temas para conversación o composición

1. Prepare un diálogo de despedida entre las siguientes personas (la primera va en tren, la segunda habla desde el andén):
   a. un soldado y su novia
   b. un estudiante y su padre
   c. un banquero y su empleado

d. una actriz y su admirador

e. una suegra y su yerno

2. ¿Diría usted que la actitud de desaprobación de la mujer mayor provenía de celos o de orgullo? Explique.

3. ¿A qué atribuye usted la inseguridad de la mujer mayor?

4. ¿Qué tipo de mujer le parece ser la mujer joven: libertina u honrada? ¿Por qué?

5. Se le ha llamado a Ignacio Aldecoa «el cantor del amor y la solidaridad humana», un autor que nos ha enseñado el valor de lo auténtico en las relaciones humanas. Explique cómo logra darnos esta impresión en «*La despedida*».

IGNACIO ALDECOA

12

VICENTE BLASCO-IBÁÑEZ

La rabia

VICENTE BLASCO-IBÁÑEZ

(1867–1928)

The world of letters celebrated the 1967 Blasco Ibáñez centennial by condemning the writer's name to a purgatory of silence and disdain. In one of the strangest reversals of literary judgment recorded in a span of only fifty years, the once eminent and lionized Blasco has now become the object of harsh critical disparagement and contempt. The depreciation to which his writings have been subjected is in part the regrettable consequence of the author's own personality: his outspoken hostility toward many distinguished people, his overzealous political involvements, his agitation against church and state in the name of free expression, and his opportunistic ambitions to amass an immense personal fortune. During his lifetime Blasco acquired a multitude of envious, vindictive enemies; since his death his literary reputation has suffered the consequences of that enmity.

Nor should the fact be ignored that late in life Blasco exploited his own fame at the sacrifice of artistry. The enormous popularity of his novels, especially in the United States, increased his sense of self-importance. A "best-seller" syndrome constrained him to write for mass consumption; favorable publicity for one inferior work led to the writing of another. As a result, Blasco soon surrendered his sense of literary excellence to the pursuit of plaudits and wealth. Were it not for the fact that before the outbreak of World War I Blasco Ibáñez had written some of the finest realistic fiction of all time, his name might well be consigned to the oblivion his detractors would desire.

Blasco entered manhood with his interests divided between creative writing and political conspiracy. The former launched him into public prominence, the latter obliged him to live in exile and eventually to suffer imprisonment for fourteen months. He was elected for six terms to the Spanish parliament and spent twelve years in

Madrid attempting to promote a host of idealistic political reforms. *Following a successful series of lectures in South America, Blasco was so enamored with the notion of residing in the vast unsettled pampa region that he aspired to colonize parts of Argentina. When the scheme failed, he lost all of his wealth. Good fortune soon returned, however, as he suddenly gained international recognition with the publication, translation, and Hollywood movie production of* The Four Horsemen of the Apocalypse, *a mediocre and hastily written novel dealing with trench fighting of* World War I.

Blasco Ibáñez is one of Spain's leading exponents of realism. He wrote with astounding celerity, pouring every possible detail into his novels, including the use of dialectic speech and local color. Then, upon the completion of each writing, he would revise, refine, and reduce the exuberance of his descriptions, to make the finished product conform more to realism.

He published over twenty-five novels, seventy-seven short stories, seven volumes of travel books, and an eight-volume history of World War I. Many of his cuentos *are masterpieces in miniature which combine external and psychological description to convey such dominant themes as death, violence, sexuality, and human failings. They contain a clearness and strength of narrative not always present in his lengthy novels, and their subjects range from fanciful fairy tales to vivid naturalistic stories.*

"His finest quality as a writer," states John B. Dalbor, "is his ability to render his fundamentally tragic view of life esthetically pleasing to the reader." Despite the adverse criticism of those who dwell unfairly on negative features of his work, Blasco Ibáñez still ranks as one of the finest short-story writers in modern literature.

Blasco Ibáñez has affixed a naturalistic stamp to this absorbing tale which describes the agony of dying of rabies. The author is at his best here, delineating with incomparable descriptive power the realities of several character types in a Valencian setting.

Pascualet's gradual deterioration is narrated with an almost clinical insistence on the physical, mental, and emotional horror resulting from the dreadful disease of hydrophobia, yet the drama in crescendo belongs throughout the story to the boy's parents. Indeed, it is the father's final decision, based on the love he feels for his only son, which makes the conclusion of this story especially painful and devastating.

"La rabia," one of Blasco's most unforgettable regional stories set in his native province, was published in Luna Benamor, 1910.

La rabia

DE TODA CONTORNADA ACUDÍAN LOS VECINOS DE LA huerta a la barraca[1] de *Caldera*, entrando en ella con cierto encogimiento, mezcla de emoción y de miedo.

¿Cómo estaba el chico? ¿Iba mejorando?... El tío Pascual,[2] rodeado de su mujer, sus cuñadas y hasta los más re- 5 motos parientes, congregados por la desgracia, acogían con melancólica satisfacción este interés del vecindario por la salud de su hijo. Sí; estaba mejor. En dos días no le había dado aquella *cosa* horripilante que ponía en comoción a la barraca. Y los taciturnos labradores amigos de *Caldera*, las buenas comadres vociferantes en 10 sus emociones, asomábanse a la puerta del cuarto, preguntando con timidez: «¿*Com* estás?»[3]

---

[1] **barraca** *una vivienda rústica propia de las huertas de Valencia y Murcia, con el techo hecho de cañas y las dos vertientes muy inclinadas*

[2] **el tío Pascual** *la palabra «tío» se aplica delante del nombre a las personas rústicas de cierta edad avanzada*

[3] **¿ Com estás ?** = ¿ Cómo estás ?

VICENTE BLASCO-IBÁÑEZ

El único hijo de *Caldera* estaba allí, unas veces acostado, por imposición de su madre, que no podía concebir enfermedad alguna sin la taza de caldo y la permanencia entre sábanas; otras veces sentado, con la quijada entre las manos, mirando obstinadamente el

5 rincón más oscuro del cuarto. El padre, frunciendo sus cejas abultadas y canosas, paseábase bajo el emparrado de la puerta al quedar solo, o a impulsos de la costumbre iba a echar un vistazo a los campos inmediatos, pero sin voluntad para encorvarse y arrancar una mala hierba de las que comenzaban a brotar en los surcos. ¡Lo que a él

10 le importaba ahora aquella tierra, en cuyas entrañas había dejado el sudor de su cuerpo y la energía de sus músculos!... Solo tenía aquel hijo, producto de un tardío matrimonio, y era un robusto mozo, trabajador y taciturno como él; un soldado de la tierra, que no necesitaba mandatos y amenazas para cumplir sus deberes;

15 pronto a despertar a medianoche, cuando llegaba el turno de riego y había que dar de beber a los campos bajo la luz de las estrellas; ágil para saltar de su cama de soltero en el duro banco de la cocina, repeliendo zaleas y mantas y calzándose las alpargatas al oír la diana del gallo madrugador.

20 El tío Pascual no le había sonreído nunca. Era el padre al uso latino;[4] el temible dueño de la casa, que, al volver del trabajo, comía solo, servido por la esposa, que aguardaba en pie, con una expresión sumisa. Pero esta máscara grave y dura de patrono omnipotente ocultaba una admiración sin límites hacia aquel mozo

25 que era su mejor obra. ¡Con qué rapidez cargaba un carro! ¡Cómo sudaba las camisas al manejar la azada con un vigoroso vaivén que parecía romperle por la cintura! ¿Quién montaba como él las jacas a pelo,[5] saltando gallardamente sobre sus flancos con sólo apoyar la punta de una alpargata en las patas traseras de la bestia?... Ni

30 vino, ni pendencias, ni miedo al trabajo. La buena suerte le había ayudado con un número alto al llegar la quinta,[6] y para San Juan[7]

---

[4] **el padre al uso latino** *es decir, que encarna las características que tradicionalmente se le han atribuido al temperamento paternal latino*

[5] **a pelo** = en pelo *montar a caballo sin silla*

[6] **al llegar la quinta** *haber llegado a la edad de hacer el servicio militar, más o menos a los veinte años*

[7] **San Juan** *las fiestas celebradas el día 24 de junio*

pensaba casarse con una muchacha de una alquería, cercana, que traería con ella algunos pedazos de terreno al venir a la barraca de sus suegros. La felicidad; una continuación, honrada y tranquila de las tradiciones de familia; otro *Caldera*, que, al envejecer el tío Pascual, seguiría trabajando las tierras fecundadas por los ascendientes, mientras un tropel de pequeños *Calderitas*, más numeroso cada año, jugarían en torno al rocín enganchado al arado, mirando con cierto temor al abuelo, de ojos lagrimeantes por la ancianidad y concisas palabras, sentado al sol en la puerta de la barraca.

¡Cristo! ¡Y cómo se desvanecen las ilusiones de los hombres!... Un sábado, al volver Pascualet de casa de su novia, cerca de medianoche, un perro en una senda de la huerta; una mala bestia silenciosa que surgió de un cañar, y en el mismo instante que el mozo se agachaba para arrojarle una piedra, hizo presa en[8] uno de sus hombros. La madre, que le aguardaba en las noches de noviazgo para abrirle la puerta, prorrumpió en gemidos al contemplar el lívido semicírculo con la huella roja de los dientes, y anduvo por la barraca preparando cataplasmas y bebedizos.

El muchacho rió de los miedos de la pobre mujer: «¡Calle, *mara*,[9] calle!» No era la primera vez que le mordía un perro. Guardaba en el cuerpo lejanas señales de su época de niño, cuando andaba por las puertas apedreando a los canes de las barracas. El viejo *Caldera* habló desde la cama, sin mostrar emoción. Al día siguiente iría su hijo a casa del veterinario para que le chamuscase la carne con un hierro candente. Así lo mandaba él y no había más que hablar. El muchacho sufrió la operación impasible, como un buen mozo de la huerta valenciana. Total, cuatro días de reposo, y aun así, su valentía para el trabajo le hizo arrostrar nuevos dolores, ayudando al padre con los brazos doloridos. Los sábados, al presentarse después de puesto el sol en la alquería de su novia, le preguntaban siempre por su salud. «¿Cómo va lo del mordisco?» Él encogía los hombros alegremente ante los ojos interrogantes de la muchacha, y acababan los dos por sentarse en un extremo de la cocina permaneciendo en muda contemplación o hablando de las ropas y la cama para su

---

[8] **hizo presa en** = le mordió
[9] **mare** = madre

matrimonio, sin osar aproximarse, erguidos y graves, dejando entre sus cuerpos el espacio necesario «para que pasase una hoz», según decía riendo el padre de la novia.

Transcurrió más de un mes. La esposa de *Caldera* era la única que no olvidaba el accidente. Seguía con ojos de ansiedad a su hijo. ¡Ay Reina soberana! La huerta parecía abandonada de Dios y de su santa Madre. En la barraca del *Templat*, un niño sufría los tormentos del infierno por haberle mordido un perro rabioso. Las gentes de la huerta corrían aterradas a contemplar a la pobre criatura: un espectáculo que la infeliz madre no osaba presenciar, pensando en su hijo. ¡Si aquel Pascualet, alto y robusto como una torre, iría a tener la misma suerte del desdichado niño!...

Un amanecer, el hijo de *Caldera* no pudo levantarse de su banco de la cocina y la madre le ayudó a pasar a la gran cama matrimonial, que ocupaba una parte del *estudi*, la mejor habitación de la barraca. Tenía fiebre; se quejaba de agudos dolores en el sitio de la mordedura; extendíase por todo el cuerpo un intenso escalofrío, haciéndole rechinar los dientes y empañando sus ojos con una opacidad amarillenta. Llegó sobre la vieja yegua trotadora don José, el médico más antiguo de la huerta, con sus eternos consejos de purgantes para toda clase de enfermedades y paños de agua de sal para las heridas. Al ver al enfermo torció el gesto. ¡Malo, malo! Aquello parecía cosa mayor, era asunto de los padres graves de la Medicina que estaban en Valencia y sabían más que él. La mujer de *Caldera* vio a su marido enganchar el carro y obligar a Pascualet a subir a él. El muchacho, repuesto ya de su dolencia, sonreía, afirmando no sentir más que un ligero escozor. Cuando regresaron a la barraca el padre parecía más tranquilo. Un médico de la ciudad había dado un pinchazo al chico. Era un señor muy serio, que infundía ánimo a Pascualet con buenas palabras, al mismo tiempo que le miraba fijamente, lamentando que se hubiese tardado en buscarlo. Durante una semana fueron los dos hombres todos los días a Valencia; pero una mañana el mozo no pudo moverse. Reapareció con más intensidad aquella crisis que hacía gemir de miedo a la pobre madre. Chocaba los dientes, lanzando un gemido que cubría de espuma las comisuras de su boca; sus ojos parecían hincharse, poniéndose amarillentos y salientes como enormes granos de uva; se incorporaba, retoriciéndose a impulsos de interno martirio, y la madre se colgaba de su cuello con alaridos de terror, mientras *Caldera*, atleta silencioso, cogíale los brazos con tranquila fuerza pugnando por mantenerle inmóvil.

—¡*Fil meu, fil meu*![10]—lloraba la madre.

¡Ay, su hijo! Apenas si lo reconocía viéndolo así. Parecíale otro, como si sólo quedase de él la antigua envoltura, como si en su interior se hubiese alojado un ser infernal que martirizaba esta carne surgida de sus maternales entrañas, asomándose a los ojos con lívidos fulgores.

Después llegaba la calma, el anonadamiento, y todas las mujeres del contorno, reunidas en la cocina, deliberaban sobre la suerte del enfermo, abominando del médico de la ciudad y de sus diabólicos pinchazos. Él era quien le había puesto así; antes que el muchacho se sometiese a su curación estaba mucho mejor. ¡Bandido! ¡Y el Gobierno sin castigar a estas malas personas!... No existían otros remedios que los antiguos, los *probados*, los que eran producto de la experiencia de gentes que por haber vivido antes sabían mucho más. Un vecino partió en busca de cierta bruja, curandera milagrosa para mordeduras de perros y serpientes y picadas de alacranes; otra trajo a un cabrero viejo y cegato que curaba por la gracia de su boca, sólo con hacer unas cruces de saliva sobre la carne enferma. Los bebedizos de hierbas de la montaña y los húmedos signos del pastor fueron interpretados como señales de inmediata curación al ver al enfermo inmóvil y silencioso por unas horas, mirando al suelo con cierto asombro, como si percibiese en su interior el avance de algo extraño que crecía y crecía, apoderándose de él. Luego, al repetirse la crisis, surgía la duda entre las mujeres, discutiendo nuevos remedios. La novia se presentaba, con sus ojazos de virgen morena húmedos de lágrimas avanzando tímidamente hasta llegar junto al enfermo. Se atrevía por primera vez a cogerle de la mano, enrojeciendo bajo su tez de canela por esta audacia. «¿*Cóm* estás?» Y él, tan amoroso en otros tiempos, se desasía de su presión cariñosa, volviendo los ojos para no verla, queriendo ocultarse, como avergonzado de su situación. La madre lloraba. ¡Reina de los cielos! Estaba muy malo:

---

[10] **fil meu** = hijo mío

VICENTE BLASCO-IBÁÑEZ

iba a morir. ¡Si al menos pudiera saberse cuál era el perro que le había mordido, para cortarle la lengua empleándola en un emplasto milagroso, como aconsejaban las personas de experiencia!...

Sobre la huerta parecían haberse desplomado todas las cóleras de Dios. Unos perros habían mordido a otros, ya no se sabía cuáles eran los temibles y cuáles los sanos. ¡Todos rabiosos! Los chicuelos permanecían recluidos en las barracas, espiando por la puerta entreabierta los inmensos campos con mirada de terror; las mujeres iban por los tortuosos senderos en compacto grupo, inquietas, temblorosas, acelerando el paso cuando tras los cañares de las acequias sonaba un ladrido; los hombres contemplaban con recelo a los perros domésticos, fijándose en su babear jadeante o en sus ojos tristes; y el ágil galgo compañero de caza, el gozque ladrador guardián de la vivienda, el feo mastín que marchaba atado al carro para cuidar de él durante la ausencia del dueño, eran puestos en observación o sacrificados fríamente detrás de las paredes del corral, sin emoción alguna.

«¡Ahí van! ¡Ahí van!», gritaban de barraca en barraca, anunciando el paso de una tropa de canes, rugientes, famélicos, con las lanas o los pelos sucios de barro, los cuales corrían sin encontrar reposo, perseguidos día y noche, con la locura del acosamiento en la mirada. La huerta parecía estremecerse, cerrando las puertas de las viviendas y erizándose de escopetas. Partían tiros de los cañares, de los altos sembrados, de las ventanas de las barracas; y cuando los vagabundos, repelidos y perseguidos por todos lados, iban en su loco galope hacia el mar, como si los atrajera el aire húmedo y salobre batido por las olas, los carabineros acampados en la ancha faja de arena echábanse los *mausers* a la cara, recibiéndolos con una descarga. Retrocedían los perros escapando entre las gentes que marchaban a sus alcances escopeta en mano, y quedaba tendido alguno de ellos al borde de una acequia. Por la noche, la rumorosa lobreguez de la vega rasgábase con lejanos fogonazos y disparos. Todo bulto movible en oscuridad atraía una bala; los sordos aullidos en torno de las barracas eran contestados a escopetazos. Los hombres sentían miedo de su mutuo terror y evitaban encontrarse.

Apenas cerraba la noche, quedaba la huerta sin una luz, sin una persona en sus sendas, como si la muerte se enseñorease de la lóbrega llanura, verde y sonriente a las horas de sol. Una manchita roja, una lágrima de luz temblaba en la oscuridad. Era de la barraca de *Caldera*, donde las mujeres, sentadas en el suelo, en torno del candil, suspiraban despavoridas, aguardando el alarido estridente del enfermo, el castañeteo de sus dientes, las ruidosas contorsiones de su cuerpo al enroscarse, pugnando por repeler los brazos que lo sujetaban.

La madre se colgaba del cuello de aquel furioso, que infundía miedo a los hombres. Apenas lo reconocía: era otro, con sus ojos fuera de las órbitas, su cara lívida o negruzca, sus ondulaciones de bestia martirizada, mostrando la lengua jadeante entre borbotones de espuma, con las angustias de una sed insaciable. Pedía morir con tristes aullidos; golpeaba su cabeza en las paredes; intentaba morder, pero aun así, era su hijo y ella no sentía el miedo que los demás. Su boca amenazante deteníase junto a aquel rostro macilento mojado en lágrimas: *¡Mare, mare!* La reconocía en sus cortos momentos de lucidez. No debía temerle: a ella no la mordería jamás. Y como si necesitara hacer presa en algo para saciar su rabia, clavábase los dientes en los brazos, ensañándose hasta hacer saltar la sangre.

—*¡Fil meu, fil meu!*, gemía la mujer.

Y le limpiaba la mortal espuma de la boca, llevándose después el pañuelo a los ojos, sin temor al contagio. *Caldera*, en su gravedad sombría, no prestaba atención a los ojos amenazadores del enfermo, fijos en él con impulsiva acometividad. Al padre no lo respetaba; pero enérgico varón, arrostrando la amenaza de su boca, sujetábalo en la cama cuando intentaba huir, como si necesitase pasear por el mundo el horrible dolor que devoraba sus entrañas.

Ya no surgían las crisis con largos intervalos de calma. Eran casi continuas, y el enfermo se agitaba, desgarrado y sangriento por sus mordiscos, la cara negruzca, los ojos temblones y amarillos, como una bestia monstruosa distinta en todo a la especie humana. El viejo médico ya no preguntaba por el enfermo. ¿Para qué? Todo había terminado. Las mujeres lloraban, sin esperanza. La muerte era segura; sólo lamentaban las largas horas, los días, tal vez, que le quedaban al pobre Pascualet de atroz martirio.

Caldera no encontraba entre sus parientes y amigos hombres valerosos que le ayudasen a contener al enfermo. Todos miraban con terror a la puerta del *estudi*, como si tras ella se ocultase el mayor de los peligros. Andar a escopetazos por senderos y acequias era cosa de hombres. El navajazo se podía devolver; la bala se contesta con otra; pero, ¡ay!, aquella boca espumante que mataba con un mordisco... ¡Aquel mal sin remedio que enroscaba a los hombres en interminable agonía, como una lagartija partida por el azadón!...

Ya no conocía a su madre. En los últimos momentos de lucidez la había repelido con amorosa brusquedad. ¡Debía irse!... ¡Que no la viese!... ¡Temía hacerle daño! Las amigas arrastraron a la pobre
10 mujer fuera del *estudi*, manteniéndola sujeta, lo mismo que al hijo, en un rincón de la cocina. *Caldera*, con un supremo esfuerzo de su voluntad moribunda, ató al enfermo a la cama. Temblaron sus gruesas cejas con parpadeo de lágrimas al apretar la soga, sujetando al mozo sobre aquel lecho en el que había sido engendrado.
15 Sintió lo mismo que si lo amortajasen y le abrieran la fosa. Se agitaba entre los recios brazos con locas contorsiones; tuvo que hacer un gran esfuerzo para vencerlo bajo las ligaduras que se hundían en sus carnes... ¡Haber vivido tantos años para verse al fin obligado a este trabajo! ¡Crear una vida, y desear que se extinguiese cuanto
20 antes, horrorizado por tanto dolor inútil!... ¡Señor Dios! ¿Por qué no acabar pronto con aquel pobrecito, ya que su muerte era inevitable?...

Cerró la puerta del *estudi*, huyendo del rugido estridente que espeluznaba a todos; pero el jadear de la rabia siguió sonando en el
25 silencio de la barraca, coreado por los ayes de la madre y el llanto de las otras mujeres agrupadas en torno del candil, que acababa de ser encendido.

Caldera dio una patada en el suelo. ¡Silencio las mujeres! Pero por vez primera viose desobedecido, y salió de la barraca huyendo de
30 este coro de dolor.

Descendía la noche. Su mirada fue hacia la estrecha faja amarillenta que aún marcaba en el horizonte la fuga del día. Sobre su cabeza brillaban las estrellas. De las viviendas, apenas visibles, partían relinchos, ladridos y cloqueos, últimos estremecimientos de la
35 vida animal antes de sumirse en el descanso. Aquel hombre rudo sintió una impresión de vacío en medio de la Naturaleza, insensible y ciega para los dolores de las criaturas. ¿Qué podía importarles a los

puntos de luz que lo miraban desde lo alto lo que él sufría en aquellos momentos?... Todas las criaturas eran iguales; lo mismo las bestias que perturbaban el silencio del crepúsculo antes de adormecerse que aquel pobrecito semejante a él, que se enroscaba atado en el más atroz de los martirios. ¡Cuántas ilusiones en su vida!... Y de una dentellada, un animal despreciable, tratado a patadas por el hombre, acababa con todas ellas, sin que en el Cielo ni en la Tierra existiese remedio...

Otra vez el lejano aullido del enfermo llegó a sus oídos a través de la ventanilla abierta del *estudi*. Las ternuras de los primeros tiempos de la paternidad emergieron del fondo de su alma. Recordó las noches pasadas en claro en aquel cuarto, paseando al pequeño, que gemía con los dolores de la infancia. Ahora gemía también, pero sin esperanza, en los tormentos de un infierno anticipado, y al final...la muerte.

Hizo un gesto de miedo, llevándose las manos a la frente como si quisiera alejar una idea penosa. Después pareció dudar... ¿Por qué no?...

—¡Pa[11] que no pene! ¡Pa que no pene!

Entró en la barraca, para volver a salir inmediatamente con su vieja escopeta de dos cañones, y corrió al ventanillo como si temiera arrepentirse, introduciendo el arma por su abertura.

Otra vez oyó el angustioso jadear, el choque de dientes, el aullido feroz, pero muy próximos, como si estuviese él junto al enfermo. Sus ojos, acostumbrados a la oscuridad, vieron la cama en el fondo de la lóbrega habitación, el busto que se revolvía en ella, la mancha pálida del rostro apareciendo y ocultándose en desesperadas contorsiones.

Tuvo miedo al temblor de sus manos, a la agitación de su pulso, él, hijo de la huerta, sin otra diversión que la caza, acostumbrado a abatir los pájaros casi sin mirarlos.

Los alaridos de la pobre madre le hicieron recordar otros lejanos, muy lejanos veintidós años antes, cuando daba a luz su único hijo sobre aquella misma cama.

¡Acabar así!... Sus ojos, al mirar al cielo, lo vieron negro, intensamente negro, sin una estrella, oscurecidos por las lágrimas...

[11] **pa** = para

VICENTE BLASCO-IBÁÑEZ

«¡Señor! ¡Pa que no pene! ¡Pa que no pene!» Y repitiendo estas palabras, se afirmó la escopeta en el hombro, buscando las llaves con dedo tembloroso... ¡*Pam*! ¡*Pam*!

I. Preguntas

1. ¿Qué tipo de hijo había sido Pascualet antes de enfermarse?
2. ¿Cuáles habían sido los deberes que Pascualet y su padre solían hacer?
3. ¿Por qué había admirado tanto el tío Pascual a su único hijo?
4. ¿Qué planes tenía el padre en cuanto al futuro del muchacho?
5. Describa la circunstancia en la que el perro rabioso mordió a Pascualet.
6. ¿Cómo reaccionaron los padres aquella noche en que regresó a casa con el mordisco en el hombro?
7. ¿Para qué fue Pascualet a casa del veterinario?
8. ¿Qué acostumbraban hacer los novios al verse los sábados?
9. ¿Qué había sucedido en la barraca del *Templat*?
10. ¿Qué clase de tratamiento recibía Pascualet de los médicos?
11. ¿Cómo iba cambiando físicamente Pascualet a medida que su enfermedad se agravaba?
12. ¿Qué remedios hacían las vecinas al intentar la curación del joven?
13. ¿Qué medidas se tomaban en la huerta para combatir la amenaza de los perros rabiosos?
14. Poco antes de la muerte de Pascualet, ¿qué nos revela el tío Pascual en cuanto a la relación entre los seres humanos y la naturaleza?
15. ¿Cuál fue la decisión final del tío Pascual?

II. Enriquecimiento de vocabulario

A. *Escoja la palabra que corresponde a cada definición.*

1. Mujer maligna que hace cosas extraordinarias usando la mágica.
2. Camino estrecho, formado por el tránsito de personas y animales.

herida
fiebre
sendero
amenaza

3. Persona que hace de médico sin serlo, empleando procedimientos supersticiosos.
4. Nombre de la relación amorosa entre novios.
5. Síntoma de enfermedad en que sube la temperatura del cuerpo.

curandero
mordisco
bruja
alquería
escalofrío
noviazgo

B. *Escoja el adjetivo que corresponde como sinónimo a la palabra en cursiva en cada oración. Haga los cambios necesarios de género y número.*

1. Algunos de mis parientes viven en una ciudad *remota*.
2. Cervantes fue un escritor *agudo*.
3. Se veía como un punto *inmóvil* en la llanura.
4. Has estado bastante *inquieta* hoy, Margarita.
5. Anduvimos por unas galerías *lóbregas*.

lívido
canoso
fijo
ruidoso
oscuro
lejano
cariñoso
sagaz
agitado
temible

C. *Escoja el sustantivo que corresponde como sinónimo a la palabra en cursiva en cada oración. Haga los cambios necesarios de género y número.*

1. El joven dio un *grito* de dolor al pincharse.
2. Con el *regreso* de la novia se reconciliaron.
3. Has llegado con una *cara* melancólica.
4. Ese *lecho* es muy pequeño para ti.
5. Mi *intento* era descubrir el sendero.

propósito
remedio
alarido
huella
fiebre
semblante
vuelta
contorno
cama
ausencia

D. *Exprese en español las oraciones siguientes usando los modismos que corresponden a las palabras en cursiva.*

1. She'll soon *give birth* to their first child.
2. Go *water* the animals or they'll die of thirst.
3. You should leave the country *without delay*.

hacer caso de
dar de beber
al borde de
cuanto antes
poner al día

4. Let's take a stroll *around* the plaza.
5. He would be happier *in the midst of* many people.

en medio de
en pelo
dar a luz
en torno de
tomar a cuestas

III. Ejercicios de oraciones

A. *Llene el espacio en blanco con el sustantivo apropiado.*

1. El arado del labrador deja grandes ___ en la tierra.
2. Cuando se lo dije, ella me miró con mucho ___.
3. Tu pañuelo hace mucho ___ en el bolsillo.
4. Mi tío es un distinguido ___ de grandes virtudes.
5. Soy un ___ confirmado; nunca me voy a casar.

alcance
signo
asombro
bulto
soltero
surcos
huellas
gemidos
varón
riego

B. *Llene el espacio en blanco con el verbo apropiado conjugándolo según convenga.*

1. ¡Ojo! Es posible que ese perro ___.
2. El joven ___ un gemido cada vez que nos veía.
3. Siempre que se lo preguntamos, él se ___ de hombros.
4. Ojalá que ellos ___ con sus deberes antes del mediodía.
5. Papá te va a ___ porque no te has portado bien.

encoger
cumplir
castigar
osar
lanzar
manejar
saciar
adormecer
morder
retorcer

IV. Repaso de verbos

Exprese en español las oraciones siguientes usando los verbos a la derecha.

1a. Are you still complaining about the food?
 b. She complained that we were bothering them.

quejarse de

2a. I intend to keep away from my relatives.   *huir de*
 b. Flee from danger before it's too late!

3a. You have exhausted my patience.   *acabar con*
 b. We will have to destroy the evidence.

4a. I'm afraid they'll bury me with insults.   *cubrir de*
 b. She smothered him with kisses.

5a. I'll make certain that you are informed.   *cuidar de*
 b. Take care that no one enters.

V. Temas para conversación o composición

1. La cuestión moral concerniente al asesinato de Pascualet.
2. Haga una interpretación sobre lo que ocurrió a Pascualet desde el punto de vista de cada uno de los siguientes personajes:
     a. la novia
     b. el viejo médico
     c. una vecina
     d. el perro rabioso
3. Si un perro rabioso me mordiera, yo ...
4. Los padres:
     a. El tío Pascual: lo que le hacía «el temible dueño de la casa».
     b. La madre: un estudio de su aguante y angustia frente a la desgracia de Pascualet.
5. El desenlace del caso se explica sólo por la ignorancia del padre. Explique.

RÓMULO GALLEGOS

Marina

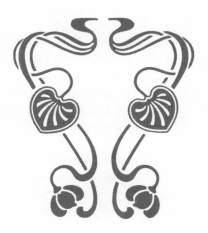

RÓMULO GALLEGOS FREIRE

(1884–1969)

"All of my literary production," declared Rómulo Gallegos in 1937, "demonstrates that I am a man who desires order." Indeed, all of this man's noble endeavors in. the creative processs as well as in the political arena attest to the accuracy of his literary pledge. As Venezuela's most revered writer, teacher, and statesman, he sought continually to persuade his countrymen to make a firm commitment to human decency and to uphold a belief in the integrity and dignity of man amid the turmoil of social disintegration in Venezuela. His country wallowed in the heavy sorrow of military dictatorship during his boyhood years. This was compounded by the administrative corruption that pervaded the social scene in the period of his youth. From the time he was twenty-four until he had passed fifty, the awesome dictatorship of Juan Vincente Gómez spread its reign of terror to the far corners of the nation. Even in his final years, Gallegos witnessed the sorry proliferation of injustice, violence, and primitivism in human dealings and social conditions into the social and cultural atmosphere of his native land. Yet with unwavering trust in the essential goodness of human nature, he pursued his lonely course of action which only in recent years, and especially since his death, has earned him the love and veneration of his people and the esteem of an entire continent. In traveling through the provinces and the cities of Venezuela today, one hears the highest tribute a great leader could ever aspire to receive from the voice of the people, who refer to their beloved Don Rómulo with the affectionate title "El Maestro."

Gallegos was born into a lower-middle-class family. His education and literary pursuits were frequently interrupted by a need to help his father support a family of eight children. In 1909 he published the first of many essays concerned with the well-being of the people. Soon afterwards he courted the displeasure of the tyrant Gómez on several occasions, with allusions in his fiction to the extortion and ruthless-

ness of politicians. Rather than compromise to the cunningness of Gómez, who offered Gallegos a seat in the senate in order to silence his pen, Don Rómulo chose a voluntary exile. Following the tyrant's death in 1935, Gallegos returned to Venezuela and, having first served in a variety of administrative posts, he became his country's first popularly elected president in 1948. His term was short-lived, however, for within nine months he was ousted by a military coup led by General Pérez Jiménez. Exiled a second time with his wife and family, Gallegos moved to Cuba, then on to Miami, Mexico City, and Oklahoma.

With the publication in 1929 of his renowned novel, Doña Bárbara, *followed by the equally forceful though less celebrated narratives,* Cantaclaro (1934) *and* Canaima (1935), *Gallegos' acclaim as a master of the Spanish language also included an international recognition as one of Latin America's outstanding writers of this century. His writings are characterized by a concern for social and spiritual regeneration. The narrative is vigorous, the language energetic. He sustains an artistic balance between a precise poetic quality in the description of landscape and nature and the incisive impact of realistic expression in the description of his characters. The foremost influences on his writing style, technique, and thought have come from such masters as Zola, Dostoevski, Tolstoy, Pérez Galdós, Pío Baroja, and William James.*

When seized by the inspiration to write, Gallegos often sat facing a bare corner wall where, with feverish haste, he would write and write and write without interruption. Thus it was he completed Doña Bárbara *in only twenty-eight days. And thus, inspired more often by emotion and a concern for content than by any preoccupation over form, method, or style, he wrote over ten novels and contributed some thirty short stories to the repertory of quality twentieth-century literature.*

A concern for strange characters and backward conditions permeates most of Gallegos' short stories. "Marina," a naturalistic tale which owes much to Dostoevski and Zola, presents the terror-stricken figure of an old woman standing watch over the rotting corpse of her husband on the solitary coastline of Venezuela. A victim of native superstition, she refuses to leave the corpse, fearful the devil will take her departed husband's soul. Lowell Dunham has remarked that "Marina" registers the first occasion in which "folklore intervenes as a basic element in the work of Gallegos, a matter which would become one of the characteristics of his fictional work."

The reader is cautioned to proceed with care over the story's initial passages, which are concentrated and difficult. The opening paragraphs are in themselves a masterpiece of sensorial realism, calculated to establish a mood of the macabre commingling with mystery by the use of visual, audio, and even olfactory impressions. The writer's eye moves slowly inland from the lucid colors of the sea, passing over the savage desolation of the coastline, to repose at last on the old shack where the action begins.

"Marina" first appeared in the May 11, 1917, issue of the journal Actualidades. *The author was paid only twenty bolivares for each story he published in the periodical.*

Marina

LA COSTA, CALCINADA POR EL SOL, SE EXTIENDE LARGA Y solitaria entre unos cerros de tierra roja y árida como el yermo y el mar azul, de un azul pastoso que, en violento contraste, luce sombrío bajo el resplandor del cielo blanquecino y ardiente como una cúpula de zinc. 5

Más allá de los cocales, más allá de los uveros, cerca de la mole blanca del cabo, en un paraje desolado y aspérrimo donde sólo medran recios cardonales y breñas rastreras, cerca de la desembocadura de un torrente que en la estación de las lluvias baja las montañas arrastrando un fango rojizo, hay una vivienda solitaria con techumbre de palmas y cercado de tunas bravas que la guarecen de los vientos del mar.

5   Cae a plomo la lumbre estante del meridiano:[1] centellea en la arena de la playa, vibra en el aire que tiembla a ras del suelo y por entre las varas espinosas de los cardos, reverbera en el caliche del promotorio, blanco y siniestro como un osario y en el ocre violento de los cerros que, secos, desnudos y agrietados, se internan costa
10 adentro, y bajo aquella luz cruda la salvaje majestad del paisaje desolado sugiere la abrumadora impresión de las tierras por donde ha pasado el soplo de las maldiciones bíblicas.

    Llena el ámbito el trueno del mar; a lo largo de la playa resuena interminable el fragor del pedrusco arrastrado por la resaca... A
15 intervalos reposa el oleaje y entonces se oye hervir la espuma en las rompientes, y se siente, tierra adentro, el angustioso silencio que asusta: por momentos parece que se va a escuchar el terrible grito de un enorme dolor humano.

    En la desembocadura del arroyo, semienterrada en el fango que
20 arrastra la última avenida, está la osamenta de un asno. En los costillares descarnados quedan todavía adheridos unos cartílagos sanguinolentos, las cuencas vacías de los ojos están vueltas hacia el mar, la dentadura enorme sugiere la dolorosa expresión del último rebuzno. En torno crascitan y sacuden las alas unos zamuros disputándose
25 las últimas piltrafas. El hedor de la osamenta se mezcla en el aire con las emanaciones marinas. Zumba en el sol un enjambre de moscardones verdes.

    En la orilla del mar están tres cabras negras: sus torvas pupilas exploran el horizonte atentamente.

30   En el rancho, cerca de la puerta, está una mujer con las mejillas en las manos, viendo hacia el mar, con la misma expresión estúpida de las cabras. Como éstas, ella también se encuentra en presencia del misterio que no escrutará jamás.

    Adentro, tendido sobre una estera, yace un hombre muerto.

---

[1] **Cae a plomo la lumbre estante del meridiano** *es decir, la intensa luz del sol de mediodía cae pesadamente*

La lumbre vacilante de una vela le arroja sobre la faz, ya surcada de manchas violáceas,[2] una temblorosa claror macilenta y dentro de aquel halo espectral que flota en la diurna obscuridad del cubil, como una aguamala, se levanta bajo el sórdido harapo de la mortaja la comba del vientre, enorme, rotunda, inquietante... 5

De cuando en cuando la mujer voltea para mirarlo y dice invariablemente con la persistencia del idiota:

—Ya él descansó. Los pobres jacemos carrera[3] muriéndonos.

Y vuelve a sumirse en su absorción, con las consumidas mejillas entre las palmas de las manos y la vista clavada en un vago punto 10
que parece no estar en el espacio.

Bajo la garra de la tragedia no sentía la tortura del sufrimiento que acelera y agudiza la vida espiritual; su alma primitiva y ruda como el paisaje permanecía impasible en presencia del dolor y no había en su corazón una fibra que diese la nota humana. Había 15
sido la compañera de aquel hombre que estaba pudriéndose ya sobre la estera, con él había compartido la sórdida miseria y de él había tenido hijos; luego, cuando él comenzó a tullirse y a hincharse, porque a causa de aquel *daño* que le *echaron* las carnes le crecían día por día hasta reventar, ella trabajó por ambos sin rebelarse, y, sin 20
embargo, cuando lo vio morir no sintió que la muerte le había arrebatado un amor. Ella no sabía lo que era un amor; su vida estaba regida por instintos puramente animales; sobre su alma pesaba el embrutecimiento de una raza que no tiene vida interior.

Así, cuando vio muerto al compañero, le echó encima todo cuanto 25
poseía, que era aquella colcha de retazos, encendío la vela del alma[4] que para el caso le había dado la comadre que vivía en el cerro y se sentó a velar el cadáver, rezando de cuando en cuando el Credo, que era la única oración que medio sabía. Así pasó la noche, sola, porque los muchachos estaban muy pequeños y se echaron a dormir desde 30
que obscureció, y la pasó escuchando el tumbo del mar impasible y obscuro como su alma sepultada, y pidiendo—no sabía precisamente

---

[2] **ya surcada de manchas violáceas** = ya marcada con sombras de color de violeta

[3] **jacemos carrera** = hacemos carrera, es decir, pasamos la vida

[4] **vela del alma** una vela designada especialmente para acompañar el cadáver de una persona recién muerta

a quién—que le deparase la manera de enterrar al marido, cada vez que veía una exhalación desprenderse del cielo y apagarse en el silencio al caer en el agua, porque ella había oído decir que las exhalaciones son las almas que se escapan de los cuerpos de los que se mueren y que, si al verlas se les pide algo antes de que se apaguen, siempre lo conceden.

Pero ya había pasado el mediodía y aún no se lo habían concedido. Ni un alma había transitado por aquellos sitios y ella había estado horas sobre horas a la puerta del rancho esperando a que alguien pasase para suplicarle que la ayudara en aquella necesidad.

Era todo cuanto se le había ocurrido para salir del trance.

Por otra parte, no podía hacer otra cosa: los muchachos estaban muy pequeñitos y no sabían ir solos hasta el pueblo, muy distante de allí, y en cuanto a ir ella misma a hacer las diligencias necesarias para el enterramiento no era posible. ¿Cómo dejar solo el cadáver? Ella había oído decir que cuando al lado de los muertos no hay una persona que rece "para ahuyentar al enemigo malo", éste se apodera del alma que ronda en torno de la casa mientras está el cuerpo en ella.

Por momentos le asaltaba un miedo bestial. Sentía pasar por encima de su cabeza algo así como una racha helada y silenciosa que no soplara ni de la tierra ni del mar, como un viento de otro mundo lleno de horribles alaridos que no se oían y que le hacían la impresión de una ronda de espectros que volaran en torno del rancho, con las siniestras bocas airadas, gritando sin voz...

Sobre el cráneo se le erizaban las ásperas greñas y un friolento temblor le sacudía el cuerpo sarmentoso; sus pupilas, dilatadas por el terror, arrebañaban la soledad del paraje, y se fijaban luego en el cuadro interior, en el centro del cual iba creciendo y creciendo la comba del vientre del muerto...

El viento marino había caído y la calma se hacía cada vez más pesada y bochornosa. Las olas se retiraban antes de estrellarse en las rompientes con un receloso murmullo de aguas prestas a hervir: la lumbrarada del sol iba palideciendo en el aire; en la montaña se arremolinaban vapores caliginosos; el vaho de la tierra sofocaba como el aliento de un horno; en el ambiente aplomado las varas espinosas de los cardos se erigían más rectas; más inmoviles... A lo lejos se escuchaban medrosos balidos de chivos que bajaban corriendo por los peladeros... Dentro del rancho la llama de la vela se alzaba derecha y larga, estremecida de abajo a arriba por una alucinante vibración.

—¡La caldereta![5]—murmuró la mujer con un acento de angustia, presa del malestar fisiológico de la sofocación que exacerbaba sus nervios tensos.

Se estremeció el aire; se levantaron de la tierra pequeños remolinos fugaces de polvo; comenzó a hervir el agua en las rompientes, gimió el cardonal y empezó a pasar la racha violenta y ardorosa...

La vela se apagó... En la semiobscuridad del rancho se destacaba enorme la comba del vientre...

La mujer huyó atemorizada y corrió desesperadamente en busca de alguien que la ayudase a salir de aquel trance. ¡Nadie! La costa solitaria se extendía como el yermo bajo el soplo infernal de la caldereta. ¡Tan sólo aquellas tres cabras negras que permanecían mirando el mar de una manera enigmática, que llegaba a ser inquietante a fuerza de ser absurda!

La mujer sintió que el espanto le helaba la sangre en las venas, y sin poder quitar los ojos del extraño cuadro que formaban aquellos animales, que no recordaba haber visto nunca por allí, comenzó a vocear llamando a los hijos, que seguramente andaban por entre el cardonal, recogiendo las frutas caídas para matar el hambre de dos días. Entretanto, adelantaba la diestra hacia las cabras haciendo con los dedos la señal de la cruz.

—¡Bicho! ¡Bicho! ¡Toma la cruz!...

A sus voces acudieron los chicos. Eran dos arrapiezos ventrudos y canijos en cuyas cabezotas se erizaban salvajes cabelleras de greñas hirsutas y rojizas. Tenían los cuerpecitos cubiertos de costras de mugre y las caras llenas de jugo meloso de las pitahayas. Uno de ellos traía en las manos varias, que ofreció a la madre.

Ésta los cogió por los brazos y le dijo al mayorcito, mostrándole las cabras que eran para ella animales diabólicos:

---

[5] **la caldereta** *un viento de tierra en Sudamérica que sopla desde junio hasta el fin de setiembre y va acompañado de lluvia y tormentas*

—Tírales piedras pa que se vayan. A ti te juye[6] el "enemigo malo" porque eres inocente.

El niño no entendió las extrañas palabras y comenzó a lanzar piedras contra las cabras; mas como no las alcanzara, éstas seguían
5 inmóviles de cara al mar.

—Vamos a rezá[7]—dijo entonces la mujer temblando bajo la violencia de aquel terror supersticioso.

Arrodillada en la tierra y oprimiendo contra su pecho los fláccidos cuerpecitos de los hijos, que la miraban asombrados de
10 aquel espanto que tenía pintado en el rostro salvaje, farfullaba con voz atropellada y anhelosa la única oración que sabía, mirando alternativamente hacia el diabólico grupo de la playa y hacia la puerta del rancho, a través de la cual se veía el cuerpo tendido sobre la estera, con el enorme vientre creciendo, creciendo...

15 Y en torno al grupo, la ardiente ráfaga del terral, maligna, ponzoñosa...

Cayó la tarde, el añil crudo del mar se trocó en púrpuras, en ópalos resplandecientes, en suaves violetas, en opaco color plomizo, y vieron las sombras resbalando sobre las aguas y envolvieron la
20 costa y treparon por la montaña, hasta los picos más altos que se cernían allá, serenos y firmes, en el azul puro del anochecer de las alturas...

Ya las cabras se habían ido a su aprisco y había acabado de pasar la caldereta; una brisa fresca soplaba de nuevo sobre la
25 costa abrasada; pero dentro del rancho, en torno al cadáver solitario, se espesaba la noche horrible.

La mujer permanecía afuera, abrazada a sus hijos, viendo en su imaginación enloquecida la comba fatídica del vientre, creciendo, creciendo...

30 Sobre el mar, dulcemente, caían exhalaciones...

[6] **juye** = huye
[7] **rezá** = rezar

I. Preguntas

1. ¿Dónde se encuentra la vivienda de la mujer?
2. ¿Cuáles sonidos, olores e impresiones visuales se destacan en la descripción inicial?
3. Explique la función o el simbolismo que tienen las tres cabras negras en este relato.
4. Describa el aspecto físico del hombre muerto.
5. ¿Qué quiere decir la mujer al exclamar «Los pobres jacemos carrera muriéndonos»?
6. ¿Por qué permanece impasible ella frente a la muerte de su marido?
7. ¿Qué había hecho ella durante la noche al velar el cadáver?
8. ¿Qué cree ella en cuanto a las exhalaciones del cielo?
9. ¿Por qué no ha enterrado al marido?
10. ¿Por qué no se ha ido ella al pueblo a buscar ayuda?
11. ¿Qué efecto tiene «el soplo infernal de la caldereta» en la mujer?
12. ¿Cómo son los dos hijos de la mujer?
13. ¿Por qué le pide la mujer a su hijo mayor que les tire piedras a las cabras?
14. ¿Cuánto tiempo transcurre en el relato?
15. ¿Cómo termina el cuento?

II. Enriquecimiento de vocabulario

A. *Escoja la palabra que corresponde a cada definición.*

1. Ruido producido por una descarga eléctrica en la atmósfera.
2. Un río tan estrecho que no puede navegar por él una barca.
3. Un mal olor que molesta mucho.
4. Elevación de tierra de menor altura que un monte.
5. Cubierta que se le pone a la cama para darle buen aspecto.

hedor
mugre
enjambre
trueno
arena
cerro
arroyo
espuma
colcha
garra

B. *Escoja el adjetivo que corresponde como sinónimo a la palabra en cursiva en cada oración. Haga los cambios necesarios de género y número.*

1. El campesino se enojó y me dirigió unas palabras *bruscas*.
2. Buscamos a un obrero que sea *recio* y honrado.
3. El trabajo se va poniendo *abrumador*.
4. El novelista describe una región *salvaje*.
5. Los muchachos llevaban camisas *sucias*.

robusto
primitivo
descarnado
fatídico
áspero
agobiador
receloso
pesado
sórdido
macilento

C. *Escoja el sustantivo que corresponde como sinónimo a la palabra en cursiva en cada oración. Haga los cambios necesarios de género y número.*

1. La cabra fue arrastrada por el *barro*.
2. Aquel *ruido* estrepitoso que oyes indica que va a haber una tempestad.
3. ¿Por qué me tratas con tanto *recelo*?
4. Pensaban que el aparecido era un *fantasma*.
5. En el *rancho* la pobre viuda se moría de pena.

fragor
faz
viento
playa
fango
espectro
choza
desconfianza
persistencia
hedor

D. *Exprese en español las oraciones siguientes usando los modismos que corresponden a las palabras en cursiva.*

1. She got the money *by dint of* her charm.
2. Our bedroom window is *even with* the ground.
3. The little boy *fell down flat*.
4. They'll marry *regardless of* your opposition.
5. We are writing *with regard to* your recent request.

tener en cuenta
caer a plomo
con tal que
a fuerza de
a lo largo de
a ras de
a través de
presto a
por encima de
en cuanto a

III. Ejercicios de oraciones

A. *Llene el espacio en blanco con el sustantivo apropiado.*

1. ¡Cuidado! No quiero que caigas en las ____ de ese bruto.
2. Pepe, ¿no has visto que llevas una ____ en la camisa?
3. El profesor escribió un ensayo hecho de ____.
4. Un ____ de abejas nos asaltó durante el picnic.
5. Veíamos humo subiendo por encima de la ____ del edificio.

caldera
retazos
enjambre
techumbre
dentadura
greñas
garras
arena
mancha
aprisco

B *Llene el espacio en blanco con el verbo apropiado conjugándolo según convenga.*

1. ¡Qué horror! Esas moscas siguen ____ sobre nuestra comida.
2. Desde hacía tres días que yo ____ el cadáver de mi padre.
3. No creo que esta lámpara ____ mucho.
4. Si la leche ____, la tendremos que tirar.
5. Anoche el viento ____ tanto que no nos podíamos dormir.

temblar
alumbrar
soplar
hervir
apagar
yacer
zumbar
sugerir
velar
rebuznar

IV. Repaso de verbos

Exprese en español las oraciones siguientes usando los verbos a la derecha.

1a. Don't get involved in our dispute.
 b. I don't like the people with whom you're involved.

mezclarse

2a. They appropriated her home illegally.
 b. I hope they don't let him take possession of your property.

apoderarse de

3a. That strikes me as being completely false.
 b. It occurred to us that you needed our help.

ocurrirse

4a. She got rid of all her jewelry. *desprenderse*
 b. They haven't had to give anything away.

5a. She rebelled against her parents. *rebelarse*
 b. If the citizens revolt, the dictator will fall.

V. Temas para conversación o composición

1. Imagínese lo que pudiera haber pasado durante la segunda noche de velar el cadáver.
2. El espanto de la madre considerado desde el punto de vista de los hijos.
3. Enumerer las supersticiones a que se aluden y describa cómo contribuyen al tono del relato.
4. Los méritos artísticos en la descripción que Gallegos hace de la naturaleza.
5. La influencia del medio en la formación de una actitud hacia la vida y la muerte.

Vocabulary

The vocabulary is intended to aid the student in understanding the text and exercise material. In each case the definition for a word reflects its textual meaning(s). Obvious cognates and many simple words are not included. Also excluded from the vocabulary, unless they offer special difficulty in their context, are the following words: articles; pronouns; demonstrative and possessive adjectives; adverbs in *-mente* when the corresponding adjective is provided; most diminutives and augmentatives, where the original noun is included; and numbers. Noun gender has been indicated except for masculine nouns ending in *o* and for feminine nouns ending in *a*, *dad*, *ión*, *tad*, and *tud*. Prepositional usage is given in parentheses after verbs. Some of the more difficult idioms and expressions explained in earlier textual footnotes have been repeated in this listing.

The following abbreviations are used:

adj.	adjective
adv.	adverb
f.	feminine
interj.	interjection
m.	masculine
n.	noun
pl.	plural
s.	singular
v.	verb

A

abandonar   to leave
abandono   abandonment
abanicar   to fan

abarcar   to take in
abatir   to bring down
abeja   bee
abertura   opening
abogado   lawyer

abominar (de) to condemn; to hate
abrasar to burn
abrazar to clasp; embrace
abrigo coat
abrir to open
abrumador *adj.* overwhelming
abrumar to overwhelm
abuelo grandfather
abultado *adj.* large
aburrimiento boredom
abusar (de) to take undue advantage of
acabar to end (by); to finish
  acabar (con) to destroy
  acabar (de) to have just
  acabar (por) to end by
acaecer to happen
acallar to silence
acampar to encamp
acariciar to caress
acaso by chance; perhaps
  por acaso by chance
  por si acaso just in case
acceso de tos fit of coughing
accidentado agitated
acecho laying in wait
acelerar to quicken
acequia irrigation ditch
acerbo bitter
acercar to bring near
  acercarse (a) to approach
acerico pincushion
acero steel
acertar to succeed in
acetileno acetylene (an inflammable gas)
acibarar to embitter
acierto *n.* achievement
acoger to receive; to accept
acometer to seize
acometividad aggressiveness
acomodado *adj.* lodged, arranged
acomodar to put away
  acomodarse to settle in place
acompañante *m.* companion
acompañar to accompany, to escort
aconsejar to advise

acontecer to happen
acontecimiento happening, event
acortar to shorten
acosamiento close pursuit
acosar to pursue closely
acostar to put to bed
  acostarse to go to bed
acostumbrarse (a) to get used to
acribillar to pierce with many holes
acto continuo immediately afterwards
acudir to go; to come; to respond to
acuoso watery
acurrucar to huddle up
achicar to narrow (the eyes)
adelantar to advance
ademán *m.* attitude; gesture
adivinar to guess
adormecer to lull to sleep
  adormecido *adj.* dozing
adorno adornment
adosar to back against
advertir to observe; to note; to tell; to give warning
afán *m.* labor; eagerness
afectuoso fond, kind
aferrar to seize
afición fondness
afinar to complete; to refine
afirmar to steady
aflojarse to become relaxed; to be released
afluencia abundance
afueras *n. pl.* suburbs
agacharse to stoop
agarrotar to tie up
agazapado *adj.* crouching (ready to seize)
agitarse to become excited
aglutinar to stick, adhere
agobiador *adj.* burdensome
agónico dying; in death agony
agradar to please
agradecer to be grateful for
agradecimiento gratitude
agravar to make worse
  agravarse to become more grave

agregar to add
agrietar to crack
agrupación cluster
aguamala jellyfish
aguante *m.* patience, endurance
aguardar to await
aguardiente *m.* brandy
agudizar to render more acute
agudo sharp; clever, ingenious
aguijón *m.* spur; stimulus
águila (*f.*, but el águila) eagle
aguja needle
agujero hole
ahogar to choke; to smother
ahogo sobbing
ahorros savings
  ahorro de vida teeming with life
ahumado *adj.* smoked
ahuyentar to drive away
airado *adj.* angry
aire *m.* air
  dar aire to fan
aislado *adj.* single; solitary, separated
ajeno foreign
  ajeno de indifferent to
ajustar to adjust, to tighten
ala (*f.*, but el ala) wing
alacrán *m.* scorpion
alargar to extend, lengthen
alarido outcry, scream
alarife *m.* builder
albañil *m.* mason
alborotar to disturb
  alborotador *n.* agitator, rioter
  alboroto disturbance
alcaide *m.* jailer
alcance *m.* reach; range
alcanzar to reach; to obtain; to
  overtake; to strike; to catch up; to
  understand as grasp
alcoba bedroom
aldea town
alegar to plead
alegrarse (de) to be happy
alejar to remove to a distance
  alejarse (de) to draw or move
  away

alemán *m.n., or adj.* German
alentar to encourage
aleros *pl.* eaves
aleteador *adj.* shaky
aletear to flap
alfombra rug
alianza alliance
aliento breath
alisar to smooth
alivio relief
alma (*f.*, but el alma) ghost; soul
almacén *m.* store
almacenar to store
almagre *m.* red earth
almohada pillow
almorzar to eat lunch
alojar to lodge
alpargata sandal
alquería farmhouse
alrededores *m. pl.* outskirts
alto *n.* high
  alto *n.* halt
  altos upper stories
  en alto up high
altura altitude, height; summit
alucinante *adj.* dazzling
aludir to allude
alumbrar to shed light
alzar to lift, to raise
allanar to overcome
amable *adj.* kind
amamantar to nurse
amanecer *v.* to dawn
  amanecer *n.* dawn
  al amanecer at daybreak
amansar to tame
amargo bitter
amargura bitterness
amarillento yellowish, pale
amarillo yellow
ambiente *m.* atmosphere; surround-
  ings, environment
ámbito area
ambos both
amenaza threat
amenazante *adj.* threatening
amenazar to threaten

amistad friendship
amo master; owner
amontonar to pile up
amortajar to dress for burial
amparar to shelter
amplio large
ancianidad old age
anciano elderly man
anclar to anchor
ancho wide
andar to walk, to go about, to pass
    time
  andar en to be engaged in
andén *m.* railway station platform
anfitrión *m.* host
angelitos fancies; little angels
angustia *n.* anguish
angustiar to worry; to afflict
angustioso distressing
anhelo strong desire
anheloso difficult (breathing);
    anxiously desirous, avid
animar to incite
ánimo cheer
  estado de ánimo frame of mind
anochecer *m.* nightfall
anonadamiento prostration
anónimo *n.* anonymous letter
ansiedad anxiety
ansioso anxious; anguished
anteanoche night before last
antebrazo forearm
antecedentes past history
anteojos *pl.* glasses
anterior *adj.* previous
  el día anterior the day before
antiguo ancient, old; former
  en los antiguos días in former
    times
antiparras *pl.* glasses, spectacles
antojarse to seem, to appear to be
anunciar to announce
anuncio announcement
añadir to add
añicos *m. pl.* bits
  hacerse añicos to smash or be
    smashed

añil *m.* indigo blue
apacentar to feed (the spirit)
apacible *adj.* tranquil
apagar to switch off, to extinguish;
    to soften; to enfeeble
  apagarse to fade
aparato apparatus
aparecer to appear
aparecido *n.* apparition, ghost
apartar to separate; to spread apart
  apartarse to move away
apearse to get off, climb down
apedrear to stone
apellido surname
  nombre y apellido full name
apenado pained
apenar to cause pain, to sorrow
apenas *adv.* scarcely; with trouble; as
    soon as
aplastar to crush
aplomado *adj.* lead-colored
apoderarse (de) to take possession of
apoyar to support; to rest
  apoyarse (en) to be supported by,
    to depend on
apreciación opinion, estimation
apremiante *adj.* pressing
aprender to learn
apresurar to hurry; to quicken
apretar to tighten, to squeeze, to
    press
aprisa *adj.* fast
aprisco fold (sheepfold, goatherd)
aprisionar to imprison
aprobar to approve
aproximarse to move near
apto competent
apurarse to hurry
arado plow
arañar to scratch
árbol *m.* tree
arbolado woodland
arbusto shrub
arco bow
ardiente *adj.* red; fiery
ardoroso burning
arena sand

arenisco sandy

arista corner

arma (*f.*, but el arma)   weapon

armadura armor; structure, framework

armar to arm

  armar pendencias to provoke fights

armario wardrobe

armazón *m.*   rim; structure; frame

arrabal *m.*   suburb

arrancar to pull out, to extract; to snatch away; to obtain by importunity

arrapiezo urchin

arrastrar to drag

arrastre *m.*   slope in a mine shaft

arrebañar to glean

arrebatado impetuous, passionate

arrebatar to snatch or carry away

arrebato fit

arreglar to pack; to adjust, to arrange

arreglo arrangement

arremolinarse to press together

arrepentirse (de) to repent

arriba *adv.*   above, up, high

  por arriba from the top

arrimar to draw up close to

  arrimarse (a) to seek, to lean on

arrodillarse to kneel down

arrojar to throw out, to toss

arrostrar to face

arroyo rivulet

  hijos del arroyo guttersnipes

arruga wrinkle

arrullar to lull to sleep

arrullo lullaby

asaltar to assail, to fall upon, to overtake

ascender to mount

ascendiente *m.*, *f.*   ancestor

ascensor *m.*   elevator

asco nausea

aseado clean, neat

asegurar to secure

asentar to settle, to become established

asesinato murder

asiento seat

  tomar asiento to take a seat

asirse to take hold of

asistir (a) to attend

asno donkey

asomar to put out, to look out

  asomarse (a) to look out of; to peep into

asombrar to surprise; to astonish; to frighten

asombro wonder, fright

aspaviento exaggerated demonstration of terror

aspereza harshness

áspero rough

  aspérrimo extremely rough

astucia cunning; guile

asunto matter

asustar to frighten

atado *n.*   packet

atar to tie

ataraxia peace of mind

atardecer *m.*   late afternoon

atarearse to be exceedingly busy

atemorizar to frighten

atenacear to torture

atender to look after

atento attentive

aterrar to terrify

aterrorizar to terrify

atisbar to scrutinize

atleta *m.*   athlete

atónito amazed

atormentar to torment

atraer to attract

atravesar to pierce; to cross

atreverse (a) to dare

atrevido daring

atribuir to attribute

atropar to assemble, to pile up

atropellado impetuous, hasty

atropellar to run over

atropello accident

atroz *adj.*   atrocious; enormous

aturdir to stun, to bewilder, to amaze

atusar to comb or smooth

audacia boldness
aullido howl
aumentar to increase
aureolar to form a circle
ausencia absence
ausentar to separate from
ausente *n.* missing person
  ausente *adj.* absent
auto sentence; warrant
  auto de prisión prison sentence
autómata *m.* automaton, robot
auxiliar to attend (a dying person)
avance *m.* advance
avanzar to advance
avaro *n.* miser
avasallador overwhelming
ave (*f.*, but el ave) bird
avenida flood
avergonzarse (de) to be ashamed
axilar *adj.* of the underarm
ayes *m. pl.* laments
ayudar to help
azada hoe
azadón *m.* hoe
azaroso perilous
azogue *m.* market place
azotea flat roof
azucar *m.* sugar
azul blue
  azulado bluish

B

babear to drivel
bajar dar de baja to dismiss; to remove from office
bajada *n.* descent
bajar to descend, to lower
bajo low; short; common; dull
bala bullet
balancear to balance
balazo shot, bullet wound
balbucear to stammer
balde en balde in vain
baldosa floor tile
balido *n.* bleat

balneario bathing resort
banco bench
bandido *n.* rascal
banquero banker
bañar to bathe
baño bath
barato inexpensive
barba beard; chin
barbilla point of the chin
barca boat
barco boat
barra bar
barraca cottage common to the Valencian countryside
barranco ravine
barrera cliff
barretero miner who works with a metal bar, wedge, or pickaxe
barrio district, neighborhood
barro clay; mud
base a base de on the basis of
bastar to be enough
basura garbage
batir to slam; to beat
batista cambric (a finely woven white linen fabric)
baúl *m.* trunk
bebedizo potion
beber to drink
  dar de beber to water
bebida drink
bello beautiful
besar to kiss
beso kiss
bestia beast, animal
  bestezuela little beast
bicho animal
bisturí *m.* bistoury (a surgical knife)
blancura whiteness; fairness (of skin)
blandura softness
blanquecino whitish
bloque *m.* block (of stone)
bloquear to blockade
blusa smock, blouse
bobo *adj.* foolish
boca mouth
bocacalle *f.* intersection

bochorno   shame, humiliation; suffocating heat
bochornoso   hot and sultry
boda   wedding
bodegón *m.*   low-class eating house
boina   beret
bolsa   bag, purse
bolsillo   pocket
bolso   lady's handbag
bondadoso   kind
borbotón *m.*   bubbling, gushing
borde *m.*   edge
  al borde de   on the verge of
bordo   **a bordo**   on board
borra   thick wool
borrachera   intoxication
borracho   drunkard
borrar   to blur, to cloud, to erase
borronear   to sketch roughly, to scribble
bosque *m.*   forest
bostezar   to yawn
bota   boot; wine bag
bote *m.*   tin can
botella   bottle
botón *m.*   button
brasa   live coal
brasero   brazier
brasileño   Brazilian
bravata   bravado
bravo   sumptuous, magnificent
brazo   arm
brecha   opening, gap
  abrir brecha   to make a breach
breña   bramble
brillar   to shine
brisa   breeze
broma   joke; merriment
bronce *m.*   brass
bronco   harsh
brotar   to sprout, to gush
bruja   sorceress
brusco   sudden
brusquedad   brusqueness
buchona   puffed up
  estirarse buchona   to stretch out in a haughty manner

buitre *m.*   vulture
bulto   body, lump
  hacer mucho bulto   to take a lot of space
burilado   engraving
burla   sneer; jest
burlarse (de)   to laugh at, to make fun of
buscar   to look for, to seek
busto   torso

C

caballero   gentleman
caballo   horse
cabaña   cabin
cabecera   headboard
cabellera   head of hair
cabello   hair
caber   to fit, to go in
cabeza   head
  cabeza del partido   district seat
  cabezota   large head
cabo   cape
cabra   goat
cabrero   goatherd
cacharro   piece of crockery
cachete *m.*   punch in the head or face
cadena   chain
caer   to fall
  dejar caer   to drop
café *m.*   coffee
caída   fall
cajero   cashier
cajón *m.*   drawer; bin
cal *f.*   lime
  cal y canto   stone masonry
calavera   skull
calceta   stocking
  hacer calceta   to knit
calcinar   to calcine
caldera   kettle
caldereta   thunderstorm
calderón *m.*   pause
caldo   broth
calentar   to warm

caliche *m.* pebble

caliente *adj.* warm

calificar to determine the quality of, to rate

caliginoso misty

calmar to soothe

calvo bald

calzado *n.* shoes

calzarse to put footwear on

callado *adj.* quiet, reticent

callar to keep silent, to stop talking

calle *f.* street

calloso callous

camarada *m.* comrade

camarote *m.* stateroom

cambiar (de) to change

caminar to walk

camino road

   camino de on the road

camisa shirt

campana bell

campanada stroke of a bell

campesino countryman, farmer

   campesino *adj.* country

campo country, field

can *m.* dog

canasto wastepaper basket

canción song

candente *adj.* burning

candil *m.* oil lamp

   candileja small kitchen lamp

canela cinnamon

canijo weak, infirm

canoso gray-haired

cansancio fatigue

cansar to tire

   cansarse to become weary

cansino tired

cantar to sing

cantina railway restaurant

canto song, singing; quarry stone

   cal y canto stone masonry

cantor *m.* singer

caña reed

cañar *m.* area thick with reeds

cañería conduit, water line

cañón *m.* canyon; cannon; gunfire; gun barrel

cañoneo gunfire

capa cape

   la capa azul the sky

caparazón *m.* shell of insect

capataz *m.* foreman

capaz *adj.* capable

cara face

   de cara facing

carabinero person armed with carbine

carbón *m.* coal

cárcel *f.* jail

   carcelero jailer

carcoma wood borer, deathwatch beetle; corroder

cárdeno purple

cardo thistle

cardonal *m.* large columnar cactus

cargar to load; to carry

   cargado tipsy

cargo post, responsibility

caricia caress

caricioso fondling

caridad charity

cariño affection

cariñoso affectionate

caritativo charitable

carmesí *m.* crimson

carne *f.* flesh; meat

caro expensive

carta letter

cartón *m.* cardboard

carrera course, road

   hacer carrera to forge one's way

carretero driver, truckman

carretilla cart (drawn by horses or mules)

carretillero driver of animal-drawn cart

carro cart; car, wagon

   carro de mudanzas moving van

casarse (con) to marry

casero informal; domestic

caso event; case

   en todo caso at all events

hacer caso to mind, to obey; to pay attention

hacer caso de to take notice of

casta lineage

castañeteo chattering (of teeth)

castigar to punish

casucha, casuca small miserable house

cataplasma poultice

causa cause

a causa de on account of

cautivo captive

cavar to dig

cavilación thought, rumination

caza hunting, prey

caza mayor big game

cazar to hunt

cazo kettle; ladle

cebolla onion

papel cebolla onionskin paper

ceder (a) to give in to

cegato short-sighted

ceja eyebrow

cejar to desist

no cejar to persist

celebrar approve, praise

celos *pl.* jealousy

cena supper, dinner

cenar to eat supper

cenefa ornamental rim, border

ceniciento ash-gray

ceniza ash

centellear to glitter, to sparkle

centro downtown area, hub

cerca *adv.* near

por aquí cerca somewhere near here

de cerca at close range

cercado *n.* fenced-in garden

cercano nearby, near to

cerdo pig, swine

cernerse to soar

cero zero

cerval miedo cerval great fear

cerveza beer

cerrar to close

cerro hill

cesar to stop

sin cesar unceasingly

cese *m.* cessation; layoff

césped *m.* grass

cesta basket

cesto large basket

ciego *n.* blind person

cielo heaven; sky

ciempiés *m.s.* centipede

cifra number

cifrar to trace; to abridge

cimero uppermost

cinemático kinematic

cinematógrafo motion picture

cintura waist

cinturón *m.* belt

circundar to surround

cita appointment

ciudad city

ciudadano citizen

clamar to cry out

clamor *m.* cry of affliction

claro *n.* clearing

poner en claro to make clear

claror *f.* light

clavar to fasten in, to drive in

clavo nail

clérigo clergyman

cliente *m.f.* guest

cloqueo clucking

coagular to congeal

cobardía cowardice

cobrar to collect

cocal *m.* coconut grove

cocina kitchen

codo elbow

cofre *m.* trunk for clothes

coger to take hold of; to grab

cola tail

hacer cola to form a line

colcha quilt

colchón *m.* mattress

colecta collection

colega *m.f.* colleague

cólera rage

colgar to hang

colina hill

colineta table centerpiece of sweets, fruits, etc.

colmar to fill up

colocar to place

comadre *f.* female neighbor friend

comba curvature, swell

combar to curve

comedido civil

comedor *m.* dining room

comenzar (a) to begin

comer to eat

  comer de to feed on

  dar de comer to feed (a person or animal)

comienzo *n.* start, beginning

comisura commissure

cómoda chest of drawers

cómodo *adj.* comfortable

compañero associate, companion

compañía company

compartir to share

complacencia satisfaction

complacer to please

comportamiento behavior

comprender to understand

comprobar to ascertain; to prove, to confirm

compromiso commitment

compuerta hatch; half-door

concebir to imagine

conceder to grant

condena term of imprisonment

condenado *n.* reprobate

  condenado *adj.* accursed

condenar to condemn; to imprison; to nail or wall up (a door)

conducir to convey, to lead; to drive

confianza confidence

confín *m.* limit

conforme (a) *adv.* in accordance with

confortar to console

confundir to confuse; to trouble; to mistake

confuso jumbled together

congoja grief

conjeturar to guess

conjetura guess, conjecture

conjunto group

conmover to touch; to disturb

conocido *n.* acquaintance

conseguir to get, obtain; to be able to

consejo advice

conservar to preserve, to keep

considerar to consider, to think over

constar to be certain

consuelo consolation, comfort

consultar to ask advice of

consumido *adj.* emaciated

contabilidad bookkeeping

contado pagar al contado to pay cash

contagiar to infect

contagio contagion

contar to relate

contenerse to stop

contento *n.* satisfaction

contertulio one who belongs to the same social circle

contestación reply

contestar to answer

contienda dispute

contiguo adjacent

continuo acto continuo immediately afterwards

contornada *n.* neighborhood

contorno contour; neighborhood

contraer to shrink; to contract (marriage, etc.)

contrariedad setback; chagrin

contratar to engage, to contract for

convenir to agree; to befit; to be a good thing to

convertir to become

  convertir (en) to transform into

convocar to summon

copetín *m.* drink

corazón *m.* heart

corcovado humpbacked

cordel *m.* cord, twine

corear to accompany (as a chorus)

coro choir; chorus

cortante *adj.* sharp

cortar to cut; to snap; to divide; to break

  cortarse to become tongue-tied

cortejo train, procession; wooing

cortina curtain, shade

correr to run

corrida *n.* run, race

corriente *f.* current (of a river, air, etc.)

  corriente abajo downstream

corrillo group of talkers

corromper to rot

cosecha harvest

costado *n.* side

costar to cost

costilla rib

  costillar *m.* ribs

costra crust

costumbre *f.* habit

covacho hovel

cráneo skull

crascitar to croak

crear to create

crecer to grow, to gather force

creciente *adj.* increasing

creer to believe; to think

  ¡ ya lo creo ! of course!

crepúsculo twilight

cresta cock's comb

cresto top, crest

criada maid

criar to raise, to bring up

criatura baby; creature; animal

crimen *m.* crime

crispar to contract convulsively

cristal *m.* looking glass; window pane

cristianar trapitos de cristianar Sunday best

crujir to creak

cruz *f.* cross

cruzar to cross

cuadrado square

cuadro square; square plot; scene, spectacle

  sobretodo a cuadros checked overcoat

cuando when

  de cuando en cuando from time to time

cuanto as much as

  cuanto antes as soon as possible

  en cuanto a with regard to

  por cuanto inasmuch as

  unos cuantos a few

cuartelero barracks-like

cuarto room; quarter

cubierta *n.* cover

cubil *m.* den, lair

cubrir (de) to cover; to smother

cuchillo knife

  cuchillada knife fight

cuello neck, throat; collar

cuenca eye socket

cuenta reason; account; importance

  darse cuenta de to realize

  tener en cuenta to keep in mind

  tomar por su cuenta to take upon oneself

cuento story, narrative

cuerda rope, string

cuero leather

cuerpo body

cuestas tomar a cuestas to take upon oneself

cuidado care, attention

  tener cuidado to be careful

cuidadoso careful

cuidar (de) to look after, to care for

  cuidarse to take care of oneself

culebra snake

culpa guilt

  tener la culpa to be guilty

culpable guilty

cumplir to perform

  cumplir (con) to fulfill

  cumplir años to reach an age

cuna cradle

cuña wedge

cuñada sister-in-law

curación cure

curandero quack doctor, healer

CH

chacra farm
chamuscar to singe
chaqueta jacket
charlar to chat
charolado varnished
chicotear *n.* scurrying
chicuelo little boy
chillido *n.* shriek
chiquillo youngster
chirrido *n.* squeak (of a wheel)
chisme *m.* gossip
chivo goat
chocar to collide
  chocar los dientes to gnash the teeth
choque *m.* crash, clash
choza hut, hovel

D

dañar to hurt, to injure
daño hurt, illness
  hacerse daño to get hurt
dar to give; to come on; to strike (the hour)
  dar (a) to overlook, to open on
  dar a entender to hint, to insinuate
  dar a luz to give birth
  dar (con) to meet, to find
  dar (contra) to abuse, to hit
  dar de beber to water
  dar de comer to feed
  dar (en) to hit
  dar razón de to give an account of
  dar una vuelta to take a stroll
  darse cuenta de to realize
datar (de) to date from
deber to owe; to ought to, must
  deber (de) to must have, must be
  deber *n.m.* duty, work
debido a on account of, owing to
débil *adj.* weak
debilidad weakness
debilitar to weaken

decidir to determine
  decidirse (a) to resolve
decir to say
  como quien dice so to speak, as i to say
declararse to let one's feelings be known; to start; to take place
decoro respect
decreciente *adj.* diminishing
dedicarse (a) to devote oneself to
dedo finger, toe
defender to protect, to defend
dejar to let, to permit; to leave
  dejar caer to drop
  dejar de to cease
  dejar en paz to leave alone
  dejar mucho que desear to leave much to be desired
delantal *m.* apron
delantero front, foreward
delator *m.* informer
deletrear to spell out
delgado slender
delicadeza care, tenderness
demás *adj.* other
  los demás the others
demente *adj.* demented
demonio devil; evil spirit
demora delay
dentadura set of teeth
dentellada bite
deparar to afford; to present; to provide
departamento compartment
departir to chat
depresión hollow
derecho right; straight
  estar en su derecho to be within one's rights
  ponerse derecho to stand straight
derramar to shed, to spill
derrota rout; defeat
desabrochar to unbutton
desagradar to displease
desagradecimiento ingratitude
desahogar to vent
desamparo helplessness

desapacible *adj.* unpleasant

desaparecer to disappear

desaprobar to disapprove of, to censure

desarreglar to disarrange

desarrollar to develop

desarrollo development

desasirse (de) to free oneself of

desayuno breakfast

desazonar to cause discomfort

descalzo barefoot

descansar to rest

descanso rest

descarga volley

descargar to discharge; to unload

descarnado lean, barren

descaro nerve, impudence

desclavar to draw out from

descolgar to take down

desconcierto disconcerted state

desconfianza distrust

desconocido *n.* stranger

  desconocido *adj.* unknown, strange

desconsuelo affliction

describir to describe

descubrimiento discovery

descubrir to discover; to open, to expose

  al descubierto revealed

desde since; from

  desde ahora from now on

  desde entonces from then on

  desde luego of course

desdeñoso contemptuous

desdichado wretched

desear to desire

  dejar mucho que desear to leave much to be desired

desembocadura mouth (of a river, stream, etc.)

desembocar to end at

desempeñar to fill; to carry out

  desempeñar un papel to play a part

desempolvar to dust

desenlace *m.* conclusion, denouement

desenrollar to unroll

desesperado *adj.* mad; desperate; hopeless

desesperanza despair

desfalco embezzlement

desfallecimiento weakness

desganar to take away one's desire for

desgarrador heart-rending

desgarrar to tear

  desgarrar a tiras to tear to shreds

desgracia misfortune; affliction

desgraciado unfortunate

deshecho destroyed, effaced

desierto desert; deserted

deslenguado outspoken, impudent person

desmantelado dilapidated

desmayarse to faint

desmenuzar to crumple

desmochar to cut off the top of (a tree, etc.)

desmoronarse to crumble

desnudar to undress

desnudez *f.* nudity

desnudo bare, nude

desobedecer to disobey

desocupado *adj.* free

desolado disconsolate

desordenar to disarrange

despacio slow

despavorir to become terrified

despedazar to tear to pieces

despedida farewell

despedir to dismiss

  despedirse (de) to say goodbye to

despeinado *adj.* uncombed, unkempt

despejado *adj.* clear

desperezar to stretch one's limbs

despertar to awaken

  despertarse to wake up

desplegar to unfold

desplomarse to collapse, to crash down

despreciable contemptible; negligible

despreciar to despise, to scorn

desprenderse to come loose; to get rid of

desprendido disinterested; broken

despreocuparse (de) not to care or worry about

destacarse to stand out

destartalado disorderly; in a ram-shackle, jumbled manner

destello beam (of light)

desteñir to discolor

destinar to designate

designar (a) to intend as

destinte *m.* stain of the dye

destrozar to destroy

desvanecerse to disappear; to dispel

desvelar to pass a sleepless night

desventaja disadvantage

desvergonzado shameless

desvestirse to get undressed

detención halt

detener to stop

  detenerse to pause, to halt

detrás *adv.* after; back

  detrás de in back of

  por detrás from behind

devolver to return

devorar to devour

diana reveille

diario newspaper

  diario *adj.* daily

dibujar to draw

dicha *n.* good fortune

dicho *n.* saying, expression

dichoso happy

diente *m.* tooth

diestra right hand

diferir to differ

diligencia errand

  hacer una diligencia to attend to some business

diminuto tiny

dinero money

dique *m.* dock

dirigir to take charge of

  dirigirse (a) to address, to speak to; to turn to; to be directed to; to go toward

disco disc

discutir to argue, to discuss

diseño design

disgusto displeasure

disimular to conceal, to disguise

disminuir to diminish, to reduce

disparar to shoot

disparo shot

displicente *adj.* peevish

disponer (de) to dispose; to have at one's disposal

  disponerse (a) to get ready to

disputa quarrel

disputar to contest

distraerse to be inattentive

distraído absently, absent-minded

diurno diurnal, relative to the day-time

divisar to perceive indistinctly

doblar to fold, to bend; to double

dolencia ailment

doliente *adj.* aching

dolor *m.* pain, ache; sorrow; regret

dolorido *adj.* afflicted

doloroso painful

dominar to rule

don *m.* gift; title for gentleman preceding Christian name

dorar to gild

dormir to sleep

  dormirse to fall asleep

dormitar to doze

dosis *f.* dose

dote *f.* dowry

duda doubt

dudar (de) to doubt

duende *m.* goblin, ghost

dueño owner

dulce *n.* sweet, candy

  dulce *adj.* sweet; pleasant; soft

dulcificar to sweeten

dulzura sweetness

durar to last

duro hard

E

ecuánime   calm

echar   to throw; to discharge; to pour; to put on or in; to send; to impose upon

  echar (a)   to start to

  echar a perder   to spoil

  echar una mirada, un vistazo   to glance

edad *f.*   age

edificio   building

efectuar   to carry out

eficaz   effective

ejecutar   to execute

elegir   to choose

elogiar   to praise

elogio   praise

embarazo   pregnancy

embargo   sin embargo   however

embate *m.*   buffeting (of waves)

emborracharse   to get drunk

embromarse   to be vexed

embrutecimiento   stupidity

emerger   to emerge

emitir   to emit

empacho   surfeit

  de empacho de   overloaded, sated with

empañar   to dim, to blur

emparedado *n.*   person confined

emparedamiento   confinement

emparedar   to shut up, to immure

emparrado *n.*   vine arbor

empedrar   to pave

empeño   determination

empezar (a)   to begin to

emplasto   poultice

empleado   employee

emplear   to employ, to use

empleo   job

emponzoñar   to poison

emprender   to undertake

empujar   to push

empuñar   to clutch

encadenar   to enchain

encaje *m.*   frame

encalar   to whitewash

encantamiento   incantation

encanto   delight, charm

encarcelar   to imprison

encargarse   to take charge of

encarnar   to embody

encarnizar   to fight bitterly

encender   to light, to switch on; to inflame

encerrar   to lock or shut up; to confine

encierro   confinement

encinta   pregnant

encoger   to bend; to draw in

  encogerse de hombros   to shrug one's shoulders

encogido   shriveled

encogimiento   contraction, shrinkage; timidity

encontrar   to find

  encontrarse (con)   to meet

encontronazo   collision

encorvar   to curve

  encorvarse   to stoop

endeble *adj.*   weak

endulzar   to sweeten

endurecer   to harden

enemigo   enemy

  enemigo malo   evil spirit; devil

enfermarse   to become ill

enfermedad   illness

enfermo *n.*   sick person

enfermo *adj.*   ill

enflaquecer   to weaken

enfrentar   to face

enfrente de   in front of

enfriar   to cool

enganchar   to harness

engañar   to deceive

  engañarse   to be mistaken

engendrar   to beget

enjambre *m.*   swarm

enjugarse   to dry, to wipe

enloquecer   to madden

  enloquecerse   to become insane

enlutado   dressed in mourning

ennegrecido *adj.*   blackened

enredar to snarl

enrojecer to redden, to blush

enroscarse to twist itself

ensanchar to expand

ensañarse to vent one's fury

ensayo essay

enseñar to show, to teach

enseñorearse to take possession of

ensimismamiento absorption in thought

ensuciar to pollute

entender to understand

 dar a entender to insinuate

entero entire, whole

enterarse (de) to find out about

enterramiento interment

enterrar to bury

entierro burial

entonces then; after, later

 desde entonces since then

 hasta entonces up to that time

 por entonces at that time

entornar to leave or to set ajar; to half-close the eyes

entrada entrance

entrado en años advanced in years

entraña innermost part; heart, feeling; depth

entrar (de) to go in as

entreabrir to half-open

entrecejo brow

 fruncir el entrecejo to knit one's brow

entrecortado halting

entredós *m.* entredeux (a small living room cabinet)

entregar to hand over

entretanto meanwhile

entretenerse to amuse oneself; to pass one's time

entrever to glimpse

enturbiar to muddle, to confuse

envejecer to grow old

envenenar to poison

enviar to send

envoltura cover

envolver to envelop, to cover

época time, epoch

erguir to raise; to straighten up

 erguirse to stand erect

erigir to raise

erizarse to stand on end; to become defensive due to alarm

errante andar errante to wander off

errar to wander

escalera stairway

escalofrío feverish chill

escalón *m.* step of a stairway

escaparse to run away

 escapársele a uno to escape one's notice

escarmentar to punish

escéptico skeptic

escoger to choose

esconder to hide

 a escondidas make-believe

escopeta shotgun

escopetazo gunshot

escote *m.* low-neck

escozor *m.* soreness

escritor *m.* writer

escritorio writing desk; office

escrutar to scrutinize

escuchar to listen to

escudo coat of arms

esculpir to sculpture

escupir to discharge

esfuerzo effort

eslabón *m.* link

eso a eso de about, toward

 por eso for that reason

espalda back; bastion

 de espaldas backwards

espantar to scare away

espanto horror, fright, dread

espartoso matted

esparver *m.* sparrow hawk

especie *f.* species

 la especie humana the human species

espectáculo spectacle, scene

espectral *adj.* ghostly

espectro ghost

espejo mirror
espeluznar (despeluzar) to make someone's hair stand on end
espera railway station waiting room
esperanza hope
esperar to wait; to hope, to expect
espesarse to thicken
espeso thick
espiar to spy
espina fishbone
espinoso thorny
espiral *m.* spiral
espiritismo spiritualism
esposa wife
  esposas handcuffs
espuela spur
espuma foam, froth
espumante foaming
esqueleto skeleton
esquilón *m.* large call bell
esquina corner
estación station; season
estado state, condition
  estado de ánimo frame of mind
estallido *n.* outburst
estampar to imprint
estampido *n.* explosion
estancia dwelling; stay; room
estante *n.m.* shelf
  estante *adj.* fixed, permanent
estera mat
estimar to value; to esteem
estirar to stretch
estopa burlap
estorbo nuisance, hindrance
estrado drawing-room
estratagema stratagem
estrechar to press; to tighten
estrecho narrow
estrella star
estrellarse to crash
estremecerse to tremble
estremecimiento trembling
estrepitoso deafening
estridencia stridency
estropajo mop

estuche *m.* case (as for glasses)
estupor *m.* amazement
etapa stage (of plan)
evitar to avoid
evocar to evoke
exactitud accuracy
exagerar to exaggerate
excelencia deed
excusarse to beg pardon
exhalación lightning flash
exigir to demand
eximir to exempt
experimentar to experience
explicarse to understand (the reason, cause)
exponer to expound
expulsar to expel
extinguirse to die
extraer to extract
extranjero *n.* foreigner; abroad
  extranjero *adj.* foreign
extrañar to miss
  extrañarse to be amazed
extraño strange

F

fábrica factory, plant
fabricante *m.* manufacturer
facciónes features
facilitar to supply
facha appearance, face
fachada *n.* façade
faena work, chore
faja girdle; zone
falda skirt; lap
falsete *m.* falsetto
falta lack
  hacer falta to need
faltar to be needed; to be lacking
fallecer to die
famélico hungry
familiar *adj.* domestic; common
famoso eminent, great
fango mud
fangoso muddy

fantasía imagination
fantasma *m.* ghost
farfullar to stutter
farol *m.* lantern
fastidiar to disturb
  fastidiarse to become annoyed
  ¡ qué se fastidiara ! she can like it
    or lump it!
fatídico ominous
favorecer to help; to favor
faz *f.* face
fecundar to fecundate
fecha date (point in time)
fechar to date
felicidad happiness
felicitar to congratulate
feliz happy
feo ugly
ferrocarril *m.* railroad
festejar to enjoy; to go along with
fiar to confide
  fiarse to trust, to rely on
  ser de fiar to be trustworthy
fibra fibre
fichero filing cabinet
fiebre *f.* fever
fiera wild beast
fijamente attentively
fijar to set; to firm up
  fijarse (en) to notice; to pay atten-
    tion to
fijo fixed, set, firm
filón *m.* vein
fin *m.* end
  a fin de in order to
  en fin finally; in short
  por fin at last
fingir to pretend, to feign
finlandés *m.* Finnish
firmar to sign
fláccido flabby
flaco thin
flanco flank
flaquear to weaken
flecoso ragged on the edge
flecha arrow
florido *adj.* flowery

flor y nata the very best
fogonazo powder flash
fondo depth; bottom; back
  en el fondo at heart
forcejear to contend with, to struggle
forja forged iron
fortalecer to reinforce
forzado *n.* slave
forzar to force
  forzoso unavoidable, necessary
fosa grave
fosco dark
fósforo match
fragor *m.* noise, din
franco generous
frase *f.* sentence, phrase
frenar to brake
freno brake
frente *f.* forehead, brow
  frente *adv.* opposite
  frente a facing
  frente de opposite
  al frente de in front of
  en frente opposite
fresco fresh
friolento chilly
frontera border
fronterizo opposite
fruncir el entrecejo to knit one's
  brow
fuego fire
  fuego fatuo Will-o-the-wisp
  hacer fuego to discharge a firearm
fuelle *m.* bellows
fuente *f.* tap; fountain; source
fuer **a fuer de** in the manner of
fuera out, outside
  fuera de besides; outside of
  ¡ fuera ! get out of here!
  por fuera on the outside
fuerte *adj.* strong
fuerza force; strength, power
  a fuerza de by dint of
fuga flight, escape
fugaz *adj.* fleeting, brief
fugitivo fleeting
fulgor *m.* light

fumar   to smoke
funesto   mournful; regrettable

G

gafas *pl.*   spectacles
galería   corridor
galgo   greyhound
gallardo   graceful
gallinero   chicken yard
gallo   rooster; boss
gana(s)   desire; will
  tener ganas de   to have a mind to; to feel like
ganar   to earn
garganta   throat
garra   talon, claw, clutch
gastado *adj.*   worn-out
gatillo   trigger
gemido *n.*   moan, wail
gemir   to groan; to grieve
generalizarse   to spread
generoso   generous
gente *f.s.*   people
gerencia   management
gerente *m.*   manager
gesto   facial expression; gesture
  torcer el gesto   to make a wry face
gigantesco   gigantic
girar   to revolve
giratorio   swivel
giro   turn, course
globo del ojo   eyeball
gobierno   government
goce *m.*   pleasure
golosina *n.*   sweet, tidbit
goloso *n.*   person fond of sweets
golpear   to beat; to slam; to knock
golpe *m.*   knock; blow
  de golpe   abruptly
gorra   cap
gota   drop
gotear   to drip
gozar (de)   to enjoy
gozne *m.*   hinge
gozque *m.*   a little yapping dog

gracia   mercy; talent
  en gracia a   out of regard for
  tener gracia   to be surprising
gracioso   funny
grandioso   magnificent
granizada *n.*   hailstorm
grano   grain; berry
grasiento   greasy
grato   pleasant
grave *adj.*   deep; weighty; serious; dignified; troublesome
gravedad   solemn demeanor
gredal *m.*   ground abounding in loamy soil
greña   long entangled or matted hair; head of dishevelled hair
gris *adj.*   gray
gritar   to scream
grito   shriek, shout
  a gritos   howling, shouting
grosero   coarse
grueso   thick; heavy; large
gruñir   to grumble, to grunt
grupa   rump
gruta   cavern
guardar   to keep, to preserve; to put away
guardia *m.*   policeman, guardsman
  guardia civil *f.*   body of rural police in Spain
guarecer   to shelter
guarismo   cipher, digit
guerra   war
guía *m.*   guide
guiar   to lead
  guiarse (por)   to follow, to go by
guiñapo   ragged blanket
gustar   to be pleasing; to taste
gusto   pleasure; taste
gustoso   savory

H

haber   to have
  haber de   to have to, to must
  haber que   to be necessary

habitación room
habitante *n.* inhabitant
habitar to live, to reside, to inhabit
habla conversation
  hablilla idle chatter
hacer to do; to make
  hacer caso to mind; to pay attention
  hacer caso de to take notice of
  hacer cola to line up
  hacer daño to hurt
  hacer de to act as
  hacer falta to be lacking, to need
  hacer fuego to fire a gun
  hacer polvo to destroy
  hacer pregunta to ask a question
  hacer viaje to take a trip
  hacerse to become
  hacerse añicos to smash to bits
  hace tiempo a long time ago
hallar to find
  hallarse to be (in a place or condition)
hambre (*f.*, but el hambre) hunger
  tener hambre to be hungry
  hambre porretera sweet-toothed appetite
hambriento hungry
harapo rag
hartar (de) to fill with
  estar harto de to be fed up with
hatillo small bundle (of clothes)
hebilla buckle
hechizo charm
hecho *n.* act; fact; event
hedor *m.* stench
helar to freeze
henchimiento swell, filling
hendidura crack, fissure
herida *n.* wound
herir to injure
hermetismo secrecy
hervir to boil
herramienta tool
hiel *f.* gall, asperity
hierba grass
  mala hierba weed
hierro iron

hilera row
hilo trickle; thread
hinchar to inflate, to swell
hipo hiccoughs
hirsuto bristly
hogar *m.* home; hearth
hoja sheet; blade; leaf; page; door
  hoja de lata tin plate
holgado *adj.* comfortable
hollín *m.* soot
hombro shoulder
hondo deep
hondura depth
honrado *adj.* upright, honorable
horadar to bore through
horno oven
horripilante *adj.* horrifying
hospedarse to lodge
hotelero hotel keeper
hoyo pit, hole
hoz *f.* sickle
hueco hole; hollow
huelga strike
huella track, footprint, impression
huérfano orphan
huerta irrigated region (Valencian countryside)
huerto orchard
hueso bone
huevo egg
  huevo mol egg yolk beaten up with sugar
huída flight; shying (of a horse)
huir (de) to flee; to escape, to slip away
hule *m.* oilcloth
hulla coal
humeante *adj.* steaming
húmedo moist, wet, humid
humo smoke
hundir to sink
¡ huy ! *inter.* expression of surprise or alarm

I

idioma *m.* language
ídisch Yiddish

ileso unhurt

imaginar to imagine; to conjecture; to conjure up

impedir to prevent

imperioso overbearing

implacable *adj.* inexorable

imponerse (a) to command respect from

importar to matter

impresionar to influence deeply

improcedente *adj.* inappropriate

improviso **de improviso** suddenly

impúdico shameless; immodest

impulsar to prompt

impulso prompting

inadvertido *adj.* unobserved

inagotable *adj.* inexhaustible

incapaz *adj.* unable

incendiar to set fire

incertidumbre uncertainty

incluso *adv.* even

incomodidad discomfort

inconexo disconnected

inconfesado *adj.* unavowed

inconfundible *adj.* unmistakable

inconsistente *adj.* insubstantial

incorporarse to sit or to get up

incrédulo unbelieving

inculto unrefined

indagación inquiry

indicar to indicate

indultar to pardon

inesperado *adj.* unexpected

inextinguible *adj.* inextinguishable

infaltable *adj.* inevitable

infame *adj.* infamous

infeliz *adj.* unhappy

inferior *adj.* lower (part)

infierno hell

ínfimo vile

informarse (de, sobre) to inquire into

informe *m.* report

infortunio misfortune

infundir to infuse with

ingerir to ingest

iniciar to begin

injuriar to insult

inmóvil *adj.* motionless

inofensivo harmless

inquietante *adj.* disquieting

inquietar to disturb, to worry

inquieto uneasy, restless

inquietud restlessness, worry

  sin inquietud carelessly

inscribirse to register, to enroll

inseguridad uncertainty, insecurity

inseguro uncertain, insecure

insensato stupid

insolidario unfolded

insólito unusual

insoportable *adj.* unbearable

insospechado *adj.* unforeseen

inspirar to awaken

instalarse to perch

instancia entreaty

insustituible *adj.* irreplaceable

intentar to try

intercambiar to interchange

internarse (en) to penetrate

interrogador questioning

interrogante *adj.* questioning

interrogar to ask

interrumpir to interrupt

íntimo close contact; private

inútil *n.m.* good-for-nothing

  inútil *adj.* of no avail, useless

invierno winter

inyectar to inject

  ojo inyectado en sangre bloodshot eye

ira wrath

irrealidad unreality

irritante *adj.* vexing

izquierdo *adj.* left

J

jaca pony

jadeante *adj.* out of breath

jadear to pant, to heave

jadeo panting

jaleo   uproar
jamás *adv.*   never
  nunca jamás   never ever
jaqueca   headache
jardín *m.*   garden
jarra   pitcher
jaula   miner's cage
jefe *m.*   boss
jornada   day's journey
jornal *m.*   day's wages
joven *n. m. f.*   young person
judío   Jew
juego   game
jugar   to play
jugo   juice
juguetear   to sport, to frolic
juguetería   toyshop
junco   rush
junto   together
  junto a   next to
jurar   to swear
justo   exact
juventud   youth
juzgar   to judge

L

labio   lip
labrador *m.*   farmer
ladear   to cock, to tilt
ladera   slope, side
  ladera abajo   down the side
lado   side
  al lado   next door
  de medio lado   to look out of the
    corner of one's eye
ladrador   barking
ladrar   to bark
ladrido   barking
ladrillo   brick
ladrón *m.*   thief
lagartija   green lizard
lagarto   lizard
lágrima   tear
lagrimeante *adj.*   tearful
lamentar   to regret
  lamentarse (de)   to moan

lámpara   lamp
lana   fleece
lance *m.*   incident
languidecer   to languish
lanzar   to hurl, to cast, to fling
  lanzar un grito   to utter a scream
  lanzarse   to plunge, to dart
lápida   stone
largo   long
  a lo largo de   along
  largamente   long time
lástima   pity
lastimoso   pitiful, sad
lata   **hoja de lata**   tin plate
látigo   whip
lavar   to wash
lealtad   loyalty
lector *m.*   reader
lectura *n.*   reading
lecho   bed
leer   to read
legitimista *m.*   loyalist
legua   league
legumbre *f.*   vegetable
lejanía   remoteness
lejano   distant
lejos *adv.*   far
  a lo lejos   far away
  de lejos   from afar
lengua   tongue
lentes *m. pl.*   eyeglasses
lentitud   slowness
lento   slow
letra   handwriting
levantar   to lift, to erect
  levantarse   to get up
leve *adj.*   light; slight, feeble
ley *f.*   law
liar   to embroil
  liarse (a)   to get tangled up in
libre *adj.*   free
ligadura   cord, bond
ligero   light
limaco   slug (mollusk)
limosna   alms
  pedir limosna   to beg
limpiar   to clean

linaje *m.* lineage
linajudo boaster(ing) of noble descent
linde *m.f.* limit
lindero boundary
línea line
  líneas de omnibus bus routes
lisonja flattery
lividez *f.* lividness
lívido livid
lobo wolf
lóbrego gloomy; dark
lobreguez *f.* darkness
locura madness
lograr to succeed in; to win, to acquire
lona canvas
losange *m.* lozange (a diamond-shaped window pane)
lucha struggle
luchar to fight
lucidez lucidity
lucir to shine; to display
luego *adv.* later; presently; next; then
  luego que as soon as
  desde luego naturally
lugar *m.* place
  dar lugar to give rise to
  tener lugar to take place
lúgubre *adj.* sad, gloomy
lumbre *f.* light; fire
lumbrerada great fire
luna moon
lupanar *m.* brothel
lustrina lustrine (a shiny black fabric)
luz *f.* light
  dar a luz to give birth

LL

llama flame
llamar to call
  llamar atención to attract attention

llano *n.* plain
  llano *adj.* flat
llanto cry, crying
llanura plain
llave *f.* key; trigger
llegar to arrive
  llegar a ser to become, to come to be
llenar to fill
lleno full
  de lleno fully
llevar to carry; to take; to lead
  llevar una vida to spend a life
llorar to weep
lloriqueo whimpering
lloro weeping
llover to rain
lluvia rain

M

macanear to lie, to put one over
maceta flowerpot
macilento pale
madera wood
madero wood beam
madriguera hole
madrugada dawn
  de madrugada at daybreak
madrugador *adj.* early-rising
mal *m.* illness
maldecir to curse
maldición curse
maleficio spell
maléfico spellbinding
malestar *m.* discomfort
maleta suitcase
malhumor *m.* foul temper
malhumorado ill-humored
maligno perverse
malvado *adj.* wicked
manar to pour forth, to flow
mancha stain
manchar to stain
mandar to order; to send
mandato order

mandíbula jawbone

manejar to wield

manejo conduct; handling; scheming

manera sobre manera exceedingly

manga sleeve

mango penholder; handle

manía whim

mano *f.* hand

manso gentle

manta blanket

mantón *m.* large cloak

marco frame; doorcase

marcha pace; departure; trip; motion, speed

marchar to go, to depart; to move; to proceed

mareado faint; annoyed

marear to annoy; to make dizzy

mareo dizziness; annoyance

marido husband

marinero sailor

marmota lazy good-for-nothing

martillo hammer

martirio torment

martirizar to torment

mascar to chew

máscara mask

mascullar to sop up

mastín *m.* mastiff

matar to kill

mate *adj.* dull, lusterless

matrimonio marriage; married couple

máuser *m.* Mauser (firearm)

mayor bigger; greater; larger; older; of age

mayores *m. pl.* ancestors

mechón *m.* large lock of hair

medianoche *f.* midnight

medida measure

a medida que as

tomar medidas to take steps

medido measured

medio *n.* means; environment

medio *adj.* half

a medio half (closed, etc.)

en medio de in the midst of

mediodía *m.* noon

medrar to thrive

medroso dreadful; fearful

mejilla cheek

mejor better

a lo mejor perhaps

mejorar to improve

melena mane

meloso honeyed, sweet

mendrugo crumb

menguado vile, wretched

menor *adj.* less; younger

menor edad under age

menospreciar to despise

menosprecio scorn

mentir to lie

mentira lie

mentiroso deceitful

menudo a menudo often

mercancía goods

merced (a) thanks to

meridiano midday

mesa table

mesa de luz light stand

mesura moderation; politeness

meta goal

meter to insert, to put

meterse (en) to go into; to poke one's nose into

mezcla mixture

mezclar to mix

mezclarse to get involved

mezquindad stinginess, niggardliness

miedo fear

miedo cerval great fear

tener miedo to be afraid

mientras while

mientras tanto meanwhile

milagroso miraculous

mimo pampering; caress

mina mine

minero miner

minucioso precise, detailed

miopía near-sightedness

mirada   glance, gaze, look
  echar una mirada   to glance
miraje *m.*   mirage
mirar   to look at
  mirar de frente   to gaze straight into
miserable *n. m.*   wretch
mitad *f.*   middle; halfway
mitigar   to alleviate
modales *m. pl.*   manners
modesto   small
modo   way
  de modo que   so that
mohín *m.*   grimace
mojar   to wet, to drench
mole *f.*   huge mass
molestar   to bother
molesto   tiresome
momia   mummy
mondadura   peeling
moneda   coin
monja   nun
montar   to ride
monte *m.*   mountain; mountainside
montón *m.*   heap, pile
morador *m.*   resident
morboso   morbid
mordedura   bite
morder   to bite
mordisco   bite
moreno   dark-complexioned
moribundo *n.*   person near death
  moribundo *adj.*   dying
morir   to die
mortaja   shroud
mortal *adj.*   wearisome
mortecino   pale
mosca   fly
moscardón *m.*   hornet
mostrador *m.*   counter
mostrar   to show, to reveal
mover   to move; to rock
movilidad   fickleness; mobility
mozo   fellow, lad
  mozo de oficios   office boy
mudanza   moving (residence)
mudar   to move

mudo   silent, mute
mueble *m.*   piece of furniture
mueca   grimace
muerte *f.*   death
muerto *n.*   dead person
mugidor *adj.*   roaring, bellowing
mugre *f.*   greasy dirt
mujer *f.*   woman; wife
multa   fine
mundo   world
  todo el mundo   everybody
muñeca   doll
muñón *m.*   stump (as of an amputated limb)
muralla   wall
murmurar   to gossip; to grumble; to whisper
murmullo   murmur
muro   outside wall
músculo   muscle

N

nacer   to be born
naciente *adj.*   growing
nacimiento   birth
nariz *f.*   nose; nostril
nata   flor y nata   the elite, the very best
naturaleza   nature
nauseabundo   loathsome
navaja   razor
navajazo   thrust with a knife or a razor
nebuloso   hazy
nefasto   ghastly
negativa *n.*   denial
negocio   business; deal
negrura   blackness
negruzco   blackish
nicho   niche; recess
nieve *f.*   snow
niñera   babysitter
niñez *f.*   childhood
nivel *m.*   level
noche   de noche   at night

nombre *m.*   name; title
  nombre y apellido   full name
noticia   news
novato   novice
novela   novel
  novela policial   detective story
novena   recitation of prayers and devotions for nine days
noviazgo   courtship
novio   sweetheart
nube *f.*   cloud
nuca   nape of the neck
nueva *n.*   news, tidings
nuevo   de nuevo   again
número   agent; number

O

obligar   to force
obra   work; act; repairs in a house
obrar   to labor; to behave
  obrero   worker
obscurecer (*see* **oscurecer**)
obscuridad   darkness
obsequiar   to make a gift of
obstante   no obstante   nevertheless
ocre *m.*   ochre
ocultar   to hide
ocurrir   to happen
  ocurrirse   to occur (to one); to strike one (as an idea)
odiar   to detest
odio   hatred
oeste *m.*   west
oficio   office; work
oído *n.*   ear
oír   to hear
ojazo   large eye
ojeada   glance
ojo   eye
  ¡ ojo !   be careful !
  globo del ojo   eyeball
ola   wave
oleaje *m.*   surge of waves
oler (a)   to smell (like), to reek
olfatear   to sniff

olor *m.*   smell
  olor a vino   smell like wine
olvidar   to forget; to forsake
olvido   oblivion; forgetfulness
ondulación   undulation
ondular   to wave
opaco   gloomy, sad
ópalo   opal
opinar   to think; to give as one's opinion
oprimir   to press; to oppress
oprobio   disgrace
optar (por)   to choose
oración   sentence; prayer
orden   a sus órdenes   at your service
ordenar   to put in order, to sort out
orgullo   pride
orgulloso   conceited
oriental *m.*   inhabitant of Uruguay
orientarse   to get one's bearings
orilla   bank (of a river); shore
orlar   to border
osamenta   skeleton
osar   to dare
osario   bone depository
oscuras   a oscuras   in the dark
oscurecer   to darken
  al oscurecer   at dusk
oscuro (obscuro)   dark
oso   bear

P

padecer   to suffer
padre *m.*   priest; father
pagar   to pay
  pagar al contado   to pay cash
pago   payment
paisaje *m.*   landscape
pajar *m.*   barn
pájaro   bird
palabra   word
paladear   to relish
paladeo   pleasure; diversion
palidecer   to turn pale

palidez *f.* pallor
paliducho palish
paliza beating
palmotear to clap hands for joy
palo stick
paloma dove, pigeon
palpar to touch, to feel
pan *m.* bread
paniego wheat-bearing
pantalónes *m. pl.* trousers
pantufla house slipper
paño cloth
pañuelo handkerchief
papada double chin
papel *m.* paper; role
  papel cebolla onionskin
  desempeñar un papel to play a role
papelón *m.* **hacer un papelón** to make a fool of oneself
par equal, even
  al par de next to
  de par en par wide open
parada *n.* stop
paraguas *m.s.* umbrella
paraje *m.* spot, place
parar to stop
  parar (en) to end in
  mal parado in bad shape
  mejor parado better off
pardo brown, drab
parecer to appear to
  parecerse (a) to look like
pared *f.* wall
parejo even
paria *m.* outcast
pariente, parienta *n.* relative
parir to give birth to
parón *m.* long stop
parpadeo blinking
párpado eyelid
parte *f.* part
  por parte de on the part of
  por otra parte on the other hand
particular *adj.* private
  vida particular private life
partida *n.* departure

partido *n.* **cabeza del partido** district seat
partir to depart, to leave; to split, to cut
párrafo paragraph
pasada **mala pasada** mean trick
pasadera stepping stone
pasado *n.* past
pasajero passenger
pasar to pass; to go; to happen; to spend time
  ¿qué te pasa? What's the matter with you?
  pasar por to call, to stop by
  pasarse el día to spend the day
pasear to walk
  pasearse to take a walk; to pace
paseo promenade, stroll; outing
pasillo corridor, aisle
paso walk; step
  estar de paso to stop for a brief period
pastor *m.* herdsman
pastoso softly painted
pata leg, foot
patada footstep; kick, stamp (of the foot)
  tratar a patadas to treat with disrespect
patrono master
paupérrimo very poor
pausado *adj.* deliberate; calm
pausar to interrupt
pavada nonsense
pavor *m.* terror
pavoroso terrifying
paz *f.* peace
  dejar en paz to leave alone
pecado sin
pecho chest; bosom
pechuga bosom
pedazo piece, fragment
pedir to ask for
  pedir por amor de dios to beg
pedrusco rough stone
pegar to hit; to place against
pegoteado *adj.* thick and spongy

peinado *adj.* combed
peladero barren spot
pelado *adj.* bald
pelea *n.* combat
pelear to fight
película film
peligrar to place in danger
peligro danger
pelo hair
  a pelo perfectly
peluquero barber, hairdresser
pena affliction
penar to suffer
penoso painful
pendencia quarrel
pensamiento thought
pensar to think, to believe
  pensar a to intend to
  pensar de to think of
  pensar en to think about
  pensándolo bien upon reflexion
pensión boarding house
penumbra darkness
penuria penury
pequeño small; low
  pequeñuelo baby
percibir to perceive
percha perch, rack; coat-hanger
perchero clothes rack
perder to lose
  perderse to get lost; to be bewildered
  echar a perder to spoil
perdida *n.* harlot
perdonar to forgive
perezoso lazy
perfil *m.* upstroke of letters; profile
periódico newspaper
permanecer to remain
permanencia site; stay
perno bolt
perplejo perplex
perra bitch; drinking binge
perro dog
perseguir to pursue
pertenecer to belong
perturbar to disturb, to confuse

pesado heavy
pesar to weigh; to weigh upon, to trouble
  a pesar de in spite of
peso weight; burden
pestaña eyelash
petaca tobacco pouch
piadoso pious; compassionate
picada *n.* bite
pícaro *adj.* mischievous
pico pickaxe; peak, tip; beak
  y pico and so many, odd
pichón *m.* young pigeon
pie *m.* foot
  de pie; en pie standing
piedad pity
piedra stone
piel *f.* skin
pierna leg
  a pierna suelta at one's ease
  dormir a pierna suelta to sleep soundly
pieza room
pileta swimming pool
pilón *m.* watering trough
piltrafa scrap of meat
pinchazo puncture
pingo cheap woman's clothes
pintar to paint
  pintado *n.* paint
pintura paint
  pintura de los labios lipstick
pique *m.* mine shaft
piqueta pickaxe
pisada footstep
pisar to tread upon; to reside
piso story, floor; apartment
pitahaya cactus with edible juicy fruit
pitar to blow a whistle
pitillo cigarette
placer *m.* pleasure
placidez *f.* serenity
plácido serene
plancha slab
plata silver
platero silversmith

plato dish
playa beach
plaza **dar plaza** to make room for
plegadera letter opener
plegar to fold
pleno full, complete
  en plena noche in the middle of the night
plomizo leaden
plomo lead
  caer a plomo to fall with all one's weight, to fall down flat
pluma pen; feather
población town
pobre poor, needy; trifling
pobreza poverty
poco little; small
  a(l) poco shortly afterwards
  tener en poco to think little of
poder *v.* to be able; can
  poder *n. m.* power
  no poder con not to be able to bear or to manage
poderoso powerful
podredumbre decay
podrido *adj.* decayed, rotten
policía *m.* police officer
  policía *f.* police force
  novela policial detective novel
polvo dust, dirt
  hacer polvo to destroy
polvoriento dusty
pollo chicken
ponderar to exaggerate
poner to place, to put
  ponerse to put on
  ponerse a to begin to
  poner de to appoint as
  poner derecho to stand straight
  poner en claro to make clear
  poner en marcha to start
ponzoñoso poisonous
pormenor *m.* detail
portal *m.* entrance, hallway
portamaletas *m.s.* luggage rack
portarse to behave
portería foyer

portero hall porter, doorkeeper
porvenir *m.* future
porretera **hambre porretera** sweet-toothed appetite
posar to lodge; to land, to alight; to rest
posdata postscript
poseer to possess
postre *m.* dessert
postrero final
potro colt
pozo pit; mine shaft
practicar to perform
preceder to precede
precipitar to move hastily; to rush, to precipitate, to fling
preciso necessary
preferir to prefer
preguntar to ask
  preguntarse to wonder
prenda garment
  prenda de vestir article of clothing
prender to apprehend; to fasten
preocuparse (de) to concern oneself with, to worry
preocupación worry, concern
presa prey
  presa de a prey to
  hacer presa en to lay hold of, to seize
presenciar to witness
presentarse to appear
presente **la presente** the present writing
  tener presente to bear in mind
presidiario convict
presión pressure
preso *n.* prisoner
  preso *adj.* imprisoned
prestar to lend, to give
  prestar atención to pay attention
presto a ready to
pretérito past
prever to foresee
primavera spring (season)
primo cousin

primogénito first-born
principio beginning
  al principio at first
prisa haste
probar to try; to prove
proceder (a) to proceed to
procurar to try; to see that
profecía prophecy
prolongarse to drag on
prometer to promise
pronto fast
  de pronto suddenly
  tan pronto como as soon as
pronunciar to utter
  pronunciar un discurso to make a speech
propietario proprietor
propina tip
propio peculiar, proper
  propio de characteristic of
propósito design, purpose
  a propósito for the purpose, by the way
prorrumpir to burst out
proteger to protect, to shield
protegida *n.* protegée
protesta complaint
protestativo protesting
provenir to arise, to originate
próximo next; nearby
prueba evidence, sign
pucherito small cooking pot
  pucherito de limosna miserable pickings
puchero pot
pudor *m.* modesty
pudoroso modest
pudrir to rot
pueblo town; people
puente *m.* bridge
puerta door
  puerta condenada boarded up door
puerto port
puesto *n.* position
pugnar to struggle
pulido polished

pulmón *m.* lung
pulmonía pneumonia
pulla obscene expression
punta tip
  en puntillas on tiptoe
punto point
  a punto de about to, on the point of
  en punto exactly
punzante *adj.* piercing
puñal *m.* dagger
puñetazo blow with the fist
puño fist
pupila pupil, eye
pupitre *m.* writing desk
pureza purity, genuineness
purgante *m.* purgative
púrpura purple

Q

quebrar to break
quedar to be left
  quedarse to remain
  quedarse con to keep, to retain
  quedarse en to agree to
quedo *adv.* softly, gently; in a low voice
queja complaint
quejarse (de) to complain; to wail
quejido moaning, whining
quejoso querulous
quejumbroso whining
quemar to burn
quepis *m.s.* kepi (a cap with a flat, circular top and a visor)
querer to will, to desire, to wish; to endeavor
  querer decir to mean
quevedos *m. pl.* eyeglasses (pince-nez having circular glasses)
¡quiá! *interj.* come now!
quiebro trill (of the voice)
quieto motionless
quijada jaw
quimera chimera

quinta draft
quitar to take away; to deprive of, to free from
  quitarse to take off
quizá(s) perhaps

R

rabia rage; rabies
  dar rabia to make furious
rabioso furious; violent; rabid
racimo **en racimo** rapid firing
racha gust of wind
ráfaga gust of wind
raíz *f.* root
rama branch
rancho rustic hut
rapaz *m.* young boy
rapidez *f.* swiftness
rapiña prey
raquítico stunted
raro odd, strange
ras **a ras de** close to
rascar to scratch
rasgar to tear
raspar *n.* scrape
rastreador *adj.* searching
rastrero trailing stem or shoot
rato moment
  al poco rato presently
  a ratos occasionally
rayo lightning flash; beam of light
raza breed, strain
razón *f.* reason; words, speech
  dar razón de to give an account of
  tener razón to be right
razonamiento reasoning
razonar to argue
reaccionar to react
realizar to carry out, to fulfill
reanudar to renew
reaparecer to reappear
rebaño herd
rebasar to sail past
rebelarse to revolt, to rebel

rebrillar to shine brightly
rebuzno braying of a donkey
recelar to distrust
recelo fear, suspicion
receloso fearful
recién just, recently
  recién cuando just as
  recién llegado newcomer
  recién nacido new-born baby
recio strong
recipiente *m.* container
reclamar to clamor for
recluir to confine
recobrar to recover, to regain
recoger to put away, to gather up; to call for
reconcentrado *adj.* absorbed, intense; reserved
reconocer to acknowledge; to recognize
reconocimiento physical examination
recordar to remember; to remind
recorte *m.* newspaper clipping
recorrer to explore
recorrido *n.* run, course
recova marketplace
recto straight
recuerdo *n.* memory, recollection
recurso device
  recursos means
rechinar *n.* grinding, grating
  hacer rechinar los dientes to gnash or grind the teeth
redecilla netting
redoble *m.* roll (of a drum)
redondear to grow round
redondo round
reemplazar to replace
referir to report; to refer; to narrate
reflejo representation, reflexion
refrescar to cool
refugiarse to take refuge
regalar to treat
regazo lap
regir to govern
regodearse to take delight

regresar to return
regreso return
rehuir to avoid, to shrink from
rehusar to refuse
reina queen
  reina soberana Holy Virgin
reír to laugh
  reírse (de) to laugh at
rejas *pl.* grating, bars
relato tale
relincho *n.* neighing
reloj *m.* clock; watch
rematar to finish off, to give finishing stroke to
remedio remedy, cure, help
remolino whirlwind
remontar to soar
remordimiento regret
rendido worn out
renglón *m.* line
repasar to move back and forth
repeler to throw off, to repel
repentino sudden
  de repente suddenly
repercutir to echo
repetir to repeat
reponer to answer; to recover
reposar to rest
reposado *adj.* calm
reposo repose
reprimir to repress
resabiar to contract a bad habit
resaca undertow
resaltar to stand out
resbalar to glide along
resentir to relive
resignarse to resign oneself
  resignado resigned
resolver to determine
resonar to resound
respiración breathing
respirar to breathe
  respirar hondo to take a deep breath
resplandeciente *adj.* resplendent
resplandor *m.* light
respuesta answer

restar to be left, to remain
resucitar to revive
resuelto resolved
retal *m.* remnant
retazo piece
retemblar to shake repeatedly
retirar to remove
  retirarse to withdraw, to go back, to recede
retorcerse to writhe
retraso delay
  traer retraso to be late
retrato portrait
retrete *m.* toilet
retroceder to move backward, to back away
retumbar to resound, to rumble
reunión meeting
reunir to assemble
revelar to reveal
revenirse to waste away
reventar to burst; to die a violent death
revés *m.* back
  al revés on the contrary
revisación examination, interview
revista magazine
revolotear to flutter
revolver to rummage, to stir around
  revolverse to move; to turn upside down
rey *m.* king
rezar to pray
rezo prayer
ribera shore bank of a river
ribetear to bind
rico rich; delicious
riego irrigation
riel *m.* rail
riesgo risk
rincón *m.* corner
riña quarrel
rocín *m.* work horse, nag
rodar to roll
rodear (de) to surround
rodeo detour
rodilla knee

roer to corrode; to knaw
rogativo supplicatory
rojizo reddish
romper to break; to tear up
  romper a to begin to, to burst out
rompiente *f.* canyon rim; shore where the waves break
roncar to snore
ronco hoarse
ronda round of drinks; visitation
rondar to prowl, to hover
ronquido snoring sound
ropa clothing
  ropa de cama blankets
ropero wardrobe
rosarse to turn rose-colored
rosado rose-colored
  vino rosado red wine
rostro face, countenance
roto *adj.* broken
rotundo direct
  una negativa rotunda a flat denial
rozar to graze, to touch lightly
rubio light, blond
rubricar to sign and seal
rudo unpolished, rugged; rude
rueda wheel
ruego request, entreaty
rugido *n.* roar
rugiente *adj.* roaring
ruido noise
ruidoso noisy
rumor *m.* report; murmur, sound
rumoroso noisy
rutina routine

S

sábana sheet
saber to know
  a saber namely
sabiduría wisdom
sabor *m.* taste
saborear to enjoy, to relish

sacar to take out; to earn
saciar to satiate
saco suitcoat
sacudida shake, jolt, quiver, shock
sacudir to dust off; to shake
saeta arrow
sagaz *adj.* sagacious
sal *f.* salt
sala living room, parlor; vestibule; large room
saledizo projecting
salida exit, departure
saliente *adj.* prominent
salir to go out
  salirse de los railes to derail
  salirse con la suya to accomplish one's end
salmodia monotonous singing, sing-song
salobre *adj.* brackish
salpicar to spatter
saltar to leap; to spurt
salto jump
salud *f.* health
saludar to greet
saludo greeting
salvaje *adj.* savage, wild, brutish; stupid
salvamento salvage, rescue
salvarse to escape from danger
  salvo en salvo safe
sangrar to bleed
sangre *f.* blood
sangriento bloody
sanguinolento bloodstained
sano healthy
sarmentoso slender and twisting
sarro rust
seco dry
secretaría secretary's office; secretaryship
sed *f.* thirst
sedante *adj.* soothing
sediento de *adj.* thirsting for
seguida en seguida immediately
seguir to follow; to continue; to keep on

seguido successive
  seguido de followed by
seguridad certainty
  tener la seguridad de que to be sure that
seguro safe
sello seal
semblante *m.* face, expression
sembrado *n.* field
semejante *adj.* similar
semienterrado partly buried
semiobscuridad semidarkness
senda path
sendero pathway
seno breast
sentarse to sit down
sentir to feel, to perceive; to regret
sentido sense; reason; direction
sentimiento feeling, sense
señal *f.* sign, mark
señor **El Señor** The Lord
sepultar to bury
ser *n. m.* being
sereno night watchman
serpiente *f.* snake
servilleta napkin
servir to serve, to wait on
  servir para to be useful for
sibila sibyl, prophetess
siestona sleepy
siglo century
signo mark, sign
siguiente *adj.* following
silbato whistle
silencioso quiet
silla chair
  sillón *m.* armchair, easychair
simpatía friendly feeling
siniestro unlucky; sinister
siquiera **ni siquiera** not even
sitio place
soberano sovereign
soberbia arrogance
sobra remnant
  de sobra more than enough
sobrado excessive
sobrar to be left over

sobre *m.* envelope
sobrecoger to take unawares
sobreexcitado overexcited
sobresaliente *adj.* excellent; the top part
sobresalir to protrude
sobresalto sudden dread or fear; startling surprise
sobretodo overcoat
sobrino nephew
socio partner
  socio principal senior partner
sofocar to smother, to choke, to extinguish; to make one blush
sofoco vexation
soga rope
sol *m.* sun
  puesta de sol sunset
soldado soldier
solear to expose to the sun
soledad loneliness, solitude; sorrow
soler to be accustomed to (in imperf.; used to)
solidario jointly binding
solidez *f.* firmness
solitario isolated, lonely
soltar to untie, to release; to utter
soltero bachelor
sollozante *adj.* sobbing
sollozar to sob
sombra shadow, shade
sombrío somber; gloomy
someter to submit
son *m.* sound
sonar *v.* to ring
  sonar *m.* sound
  sonar a to sound like
sonido *n.* sound
sonoro vibrant, loud
sonreír to smile
sonriente *adj.* smiling
sonrisa smile
soñar to dream
soñoliento sleepy
sopa soup
soplo gust of wind
soportar to endure

sorbo sip
  a sorbos by sips
sórdido dirty
sordo deaf; silent; muffled
sorprender to surprise
sosegar to appease
sosegado peaceful
sosiego calm
soslayo askance
sospechar (de) to suspect
sospechoso suspicious
sostén *m.* support
sostener to maintain, to sustain
sótano basement
suavizar to soften
suave *adj.* soft, gentle
suavidad gentleness
subir to go up, to climb, to mount
súbito sudden
sublevación revolt, insurrection
subsiguiente *adj.* subsequent
suceder to happen; to be the successor of
  suceda lo que suceda come what may
  sucederse to follow one another
suceso happening, event
sucio dirty
sudar to perspire
sudario handkerchief; shroud (for a corpse)
sudor *m.* perspiration
sudoroso sweating
Suecia Sweden
sueco Swedish
suegra mother-in-law
suegro father-in-law
sueldo salary
suelo ground, floor
suelto *n.* newspaper clipping
sueño dream; sleep
  entre sueños half awake
suerte *f.* chance; luck; fate
  de todas suertes at least, anyhow
sufrimiento suffering
sufrir to suffer
sugerir to suggest

sujetar to fasten, to hold
sujeto attached
sumir to be sunken; to plunge
sumiso submissive
superficie *f.* area
súplica supplication
suplicar to entreat, to request
suponer to suppose
  por supuesto of course
sur *m.* south
surcar to furrow
surco furrow
surgir to appear, to come forth
suspensivo fragmentized
suspenso in suspense
suspirar to sigh
suspiro sigh
sustento support
susto fright, sudden fear
susurro murmur; whisper

T

tabla slab, board
tablero board
  tablero de llaves key-rack
  tablero telefónico switchboard
tal such (a); like
  con tal que provided that
talla stature, height
tambaleante *adj.* staggering
tambor *m.* drum
tanto **en tanto** while, in the meantime
  mientras tanto in the meantime
  por (lo) tanto therefore
tapar to cover up
  taparse el aliento to hold one's breath
tapiar to wall up
taquígrafa stenographer
tardar (en) to take a specified time; to be long, slow, or late
tarde *f.* afternoon; late
  por la tarde in the afternoon
tardío late

tarea   task
taza   cup
teatralerías   theatrics
techedumbre   roof
techo   covering, roof
techumbre   roof
tejado   roof
tejido   textile
temblador   quaking
temblar   to shiver to tremble
temblón   shaking
temblor *m.*   tremor
tembloroso   trembling
temer   to fear
temible   terrible, to be dreaded
temor *m.*   fear, dread
tempestad   storm
tenaz *adj.*   persistent
tender   to stretch out
tendido   spread
  cama bien tendida   bed made up properly
tener   to have, to possess
  ¿qué tiene?   What's wrong with him?
  tener años   to be ... years old
  tener en cuenta   to keep in mind
  tener ganas (de)   to wish to
  tener lugar   to take place
  tener que   to have to
  tener que ver con   to have to do with
  tener razón   to be right
tenso   taut
tentar   to test; to tempt; to endeavor
tenue   faint
terciopelo   velvet
terminar   to end
ternura   tenderness
terral *m.*   land breeze
terreno   land
tertulia   social gathering for purposes of conversation or entertainment
tesoro   treasure
testigo   witness
tez *f.*   complexion (of the face)
tía   aunt

tiempo   time; weather
  de tiempo en tiempo   now and then
tierno   tender
tierra   land; earth
timbre *m.*   doorbell
timidez *f.*   shyness
tingladillo   small shed
tinieblas *pl.*   darkness
tinte *m.*   hue
tío   uncle
tipo   kind
tira   shred
  desgarrado a tiras   torn to shreds
tirante *adj.*   tight, strained
tirar   to throw (away), to toss
tiritar   to shiver
tiro   shot
tocante (a)   concerning
tocar   to touch; to play
tomar   to take; to eat; to drink
  tomar asiento   to take a seat
  tomar en serio   to take seriously
  tomar por su cuenta   to take upon oneself
  tomar a cuestas   to take upon oneself
tontería   foolishness
toque *m.*   touch
torcer   to twist
  torcer el gesto   to make a wry face
  torcido   twisted
tormenta   storm
tornar   to return
  en torno   round about; around
torre *f.*   tower
torrente *m.*   rushing stream
tortuoso   winding
torvo   fierce, grim
tos *f.*   cough, coughing
total *adv.*   in a word
trabajador *adj.*   hard-working
trabajar   to work
trabajo   work
traer   to bring
tragar   to swallow
traguillo   small drink

traición treason

traje *m.* dress, suit

trajín *m.* going and coming, hustle and bustle

tramar to scheme

trance *m.* danger, critical moment

transcurrir to elapse

transitar to pass

tranvía *m.* streetcar, trolley

trapitos de cristianar Sunday best

trapo rag

traqueteo cracking or click-clacking noise

trasero hind

trasladar to move

traslucirse to be inferred

traspasar to cross over

trasponer (transponer) to disappear behind

trasto piece of furniture; worthless person

trastornado upset; afflicted

tratar to treat (a subject, etc.)

  tratar de to try to

  tratarse de to be a question of

través **a(1) través de** through

traviesa *n.* crosstie

traza sign

trazar to draw

trecho distance

tregua **sin tregua** without letup

trémulo *n.* trembling

trenza braid

trepar to climb

triste *adj.* sad

tristeza sadness

triunfar (de) to triumph over

triza bit

  hacer trizas to smash to bits

trocarse to change

trompicón *m.* stumbling

  a trompicones falteringly

tronco trunk

tronchar to break off forcibly

tropa herd

tropel *m.* throng

trotador *adj.* trotting

trote *m.* trot (of a horse)

trozo piece

trucado fake, phony

trueno thunder

trueque **a trueque de** in exchange for

tullirse to become disabled

tumbo thunder, violent roll

tuna *n.* prickly pear cactus

turbar to disturb

turbio dark and suspicious

turno shift

turquesa turquoise

tutelar to master

U

ubre *f.* udder

ulterior *adj.* subsequent

último last, farthest, latest

ultraje *m.* insult, abuse

ululante *adj.* screeching, howling

umbral *m.* threshold; lintel beam

único only; unequalled

unir to unite, to join, to attach

usar to use

uso custom

utilizar to use

uva grape

uvero fruit-bearing shrub on tropical seashores

V

vacilante *adj.* flickering

vacilar to hesitate

vacío *n.* void, emptiness, empty space

  vacío *adj.* empty

vagar to wander

vagido cry of a newborn child

vagón *m.* car (of train)

vaho breath

vaivén *m.* to and fro motion

valentía extraordinary effort

valer to be worth
  más vale it would be better
valeroso courageous
valiente *n. m.* brave man
valija suitcase
valor *m.* bravery; value; price; meaning; nerve
  valores *m.* stocks, securities, valuables
vapor *m.* mist, exhalation; boat
  vapor de la carrera ferryboat
vara switch, twig; staff
varón *m.* male, boy
vecindad neighborhood
vecindario neighborhood
vecino neighbor
vega fertile lowland
veguero a Cuban cigar
vejez *f.* old age
vela candle
velador *m.* bedside lamp
velar to keep vigil; to guard, to watch over
velo veil
vena vein
vencer to defeat, to overcome; to excel
vencimiento defeat
venda blindfold
venenoso poisonous
venganza revenge
vengar to avenge
vengativo vindictive
venir to come
  venir a to end by
ventaja advantage
ventana window
ventanal *m.* large window
ventanilla window of a train, car, etc.
ventanuco little miserable window
ventrudo big-bellied
ver to see
  de buen ver good looking
vera edge, border
  a la vera next to
veraneo summer vacation

verano summer
veras de veras really
verdad truth
verdadero true
verde *m.* green
verdor *m.* greenness
verdoso greenish
vergüenza shame
verificar to verify
verja gate (made of a grating)
veronal *m.* a strong sedative
verosímil *adj.* credible
verter to pour
vertiente *f.* slope (of a roof)
vertiginoso giddy, dizzy
vestíbulo hall
vestido dress
vestidura clothing
vestir to dress
  prenda de vestir article of clothing
  vestirse to get dressed
veta vein
vez a veces sometimes
  a su vez for his/her part
  de una vez at once
  en vez de instead of
  otra vez again
  tal vez perhaps
vía track
viajar to travel
viaje *m.* trip
viajero traveler
vibrar to vibrate, to quiver
vidriera glass window
vidrioso glassy
viejo *n.* old man
  viejo *adj.* old
viento wind
vientre *m.* belly, stomach
viga beam
vigilar to watch over
vileza baseness
vincular to attach
  vincularse to secure a bond of affection
vínculo link, bond

viña vineyard
violáceo violet colored
visera visor
visita guest; social call, visit
vislumbrar to catch a glimpse of; to surmise
víspera the day just before
vista view, sight, glance; eyes
  a la vista visible
  en vista de in view of
  punto de vista point of view
  vistazo glance
viuda widow
viudo widower
vivienda dwelling
viviente *adj.* living
vivo *adj.* intense; alive; lively
vocear to cry out
vociferante *adj.* vociferating
volar to fly
voltear to turn, to revolve
voluntad will; wish; intention
voluta spiral
volver to return; to turn
  volver a to ... again, to repeat
  volverse to turn; to turn around
  volverse loco to become crazy
voz *f.* voice
  en voz alta aloud
  en voz baja in an undertone
vuelo flight

vuelta turn; return
  dar vuelta to go around; to toss and turn
  dar una vuelta to take a stroll
  de vuelta on returning
  traer de vuelta to come to, to awaken

Y

ya already; now
  ya no no longer
yacer to be lying down
yegua mare
yema egg yolk
yerba (hierba) grass
yermo desert
yerno son-in-law

Z

zaguán *m.* entry
zalamero flattering
zalea sheepskin
zamuro carrion vulture
zapatilla slipper
zarpar to set sail
zumbar to ring (in the ears); to buzz
zumbido *n.* humming